Manja Reinhardt

Glücksorte zwischen Saale und Unstrut

Fahr hin & werd glücklich

Dieses

Glücksbuch

ist für

Liebe Glücksuchende,

kommen Sie mit auf Entdeckungsreise! Das Saale-Unstrut-Gebiet ist geprägt von einer reichen über 1000-jährigen Kulturgeschichte, und nicht zuletzt der Weinbau kennzeichnet die Landschaft dieser interessanten Region. Das nördlichste Weinanbaugebiet Deutschlands reicht von Bad Sulza bis Zeitz an die Weiße Elster und nach Norden bis ins Mansfelder Land. Überall zieren farbenprächtige Weinberge und Streuobstwiesen die sanfte Hügellandschaft. Wie auf einer Perlenkette säumen mittelalterliche Städte den Weg an Saale und Unstrut.
Seltene Naturschönheiten und geschichtsträchtige Orte, sagenumwobene Burgen und stolze Schlösser, prachtvolle Kirchenbauten und sensationelle archäologische Funde versprechen eine abwechslungsreiche Reise. Auf der Suche nach Glücksorten ist eine bunte und persönliche Mischung entstanden, die eine kurzweilige Lektüre sowohl für Touristen als auch für Einheimische sein möchte. Ob beim Wandern entlang der Weinberge und malerischen Flusstäler, auf einem Spaziergang durch ein Dorf oder eine romantische Stadt, während eines Museumsbesuchs oder bei der Einkehr in eine der unzähligen Straußwirtschaften – das Glück lässt sich im Gebiet zwischen Saale und Unstrut an vielen Orten finden. Es wartet nur darauf, entdeckt zu werden.

Viele wunderbare Glücksmomente wünscht Ihnen

Ihre Mania Reinhardt

Deine Glücksorte ...

… noch mehr Glück für dich

Wein mit Geschichte

1 Der Herzogliche Weinberg in Freyburg

Ein ganz besonderer Ort, um einen Saale-Unstrut-Wein zu genießen, ist der Herzogliche Weinberg. Er liegt am Rande von Freyburg mitten im Naturpark Saale-Unstrut-Triasland am Unstrut-Radweg. Hier befindet man sich auf historischem Boden, denn immerhin geht die Geschichte des Weinbergs auf das Jahr 1774 zurück. Damals ließ der kursächsische Steuerbeamte Carl Gottlieb Barthel einen barocken Weingarten anlegen. Der historische Terrassenweinberg ist auch heute noch in seiner Struktur erhalten; er ist ein wunderbares Beispiel für eine kleinteilige weinbauliche Landschaftsarchitektur in Verbindung mit höfischer Pracht. Denn Barthel ließ nicht nur einen barocken Weingarten anlegen, sondern auch noch ein repräsentatives Weinberghaus im Stil des Rokokos errichten. Das kleine Häuschen bietet zwölf Personen Platz und kann angemietet werden. 1925 wurden auf dem gesamten Weinberg neue Reben gesetzt. Einige dieser Rebstöcke haben die Zeit überdauert und stehen noch heute hier. Der Weinberg wird von der Winzervereinigung Freyburg-Unstrut eG. bewirtschaftet. Vorwiegend werden Weißburgunder und Silvaner angebaut. Auf den unteren Terrassen ist ein Schauweinberg mit allen Weinsorten des Saale-Unstrut-Gebiets entstanden. Von April bis Oktober findet täglich um 11 Uhr eine lehrreiche Führung durch den Weinberg statt. Man erhält umfassende Informationen zur Spezifik und Geschichte des Weinanbaugebietes, über die Arbeit der Winzer vor Ort und den leckeren Rebensaft. Nebenbei kann man den herrlichen Ausblick genießen.

TIPP
Der Herzogliche Weinberg mit Weinausschank ist vom 1. April bis 31. Oktober geöffnet.

Nach der Theorie geht es zur Praxis über und es wird ein Gläschen Wein verkostet. Unter der romantischen, mit Weinranken zugewachsenen Pergola am Fuße des Weinbergs schmeckt es besonders gut. Bei einem der schönsten Blicke der Gegend fühlt man sich wie der Zeit entrückt: der Weinberg, das pittoreske Häuschen als wunderbarer Farbtupfer zwischen dem Grün und über allem thront die mächtige Anlage der Neuenburg. Was kann es Schöneres geben.

- Herzoglicher Weinberg, Mühlstraße 23, 06623 Freyburg
  herzoglicher-weinberg.de
- ÖPNV: Haltestelle Ehrauberge oder Bahnhof Freyburg
  (jeweils ca. 10 Minuten Fußweg)

Der diebische Rabe

2

Dom und Schloss in Merseburg

Seit 1000 Jahren prägt der Dom mit seinen Türmen und Giebeln die Stadtsilhouette von Merseburg. 1021 wurde der frühromanische Bau in Anwesenheit des Kaisers Heinrich II. und seiner Frau Kunigunde geweiht. Sein heutiges Aussehen erhielt er weitestgehend Ende des 15. Jahrhunderts. Bischof Thilo von Trotha ließ den Dom und das unmittelbar daneben befindliche Schloss im Stil der Spätgotik erneuern. Einige leichte Veränderungen erfolgten in der Zeit der Renaissance. Aber Thilo von Trotha war nicht nur für den Umbau verantwortlich, auf ihn gehen auch die berühmten Merseburger Raben zurück, die in einem Käfig vor dem Schloss gehalten werden. Nach der Merseburger Rabensage hat der Bischof seinen Diener hinrichten lassen, da er ihn des Diebstahls eines kostbaren Ringes verdächtigte, den er am offenen Fenster abgelegt hatte. Später entdeckten Handwerker bei den Umbauten am Schloss den Ring in einem Rabennest. Zur Mahnung, dass man niemals im Jähzorn über jemanden richten sollte, nahm er einen Raben in Gefangenschaft. Noch heute erinnert ein Pärchen stattlicher Kolkraben in einer Voliere an die Sage und den Ringdiebstahl. Majestätisch sitzen sie in ihrem Käfig und ziehen die Blicke der Besucher auf sich. Aber auch an anderen Gebäuden in Merseburg findet man einen stilisierten Raben mit Ring im Schnabel, so auch an der Tür zum Dom, der mit zahlreichen Schätzen aufwartet.

TIPP

Jedes Jahr im Herbst finden im Dom die Merseburger Orgeltage statt.

Bereits im Mittelalter war der Merseburger Domschatz berühmt. Teile davon können noch heute bewundert werden. Aber auch die Ladegast-Orgel, der spätgotische Wappensaal, der idyllische Kapitelhausgarten oder das Zauberspruchgewölbe sind Besuchermagnete. Mit den Merseburger Zaubersprüchen besitzt der Dom das einzige erhaltene Schriftzeugnis heidnischen Ursprungs, das in althochdeutsch verfasst wurde. Die zwei Beschwörungsformeln können als Faksimile besichtigt werden. Ein magisches Flair durchzieht die Vierflügelanlage besonders im Winter, wenn sie alljährlich Kulisse der Merseburger Schlossweihnacht ist.

- Merseburger Dom, Domplatz 7, 06217 Merseburg
  merseburger-dom.de
- ÖPNV: Haltestelle Schlossgarten oder Hälterstraße

Dem Wein zur Ehre

3 Das Weintor von Bad Sulza

Das Weinanbaugebiet Saale-Unstrut umfasst nicht nur die Süd-Nord-Achse an der Saale und die ebenso namensgebende Umgebung der Unstrut aus westlicher Richtung der Region um Naumburg und Freyburg. Zu ihm gehören nach Norden auch die Gegenden um den Geiseltalsee bis hin zum Mansfelder Land am Süßen See. Im Südosten begrenzen die Weinberge an der Weißen Elster rund um Zeitz und im Südwesten die Kur- und Weinstadt Bad Sulza im Thüringischen das Gebiet. Hier wurde dem Wein sogar ein Tor gewidmet. Ganz in der Nähe der Straße mit dem klangvollen Namen Wunderwaldstraße steht das Thüringer Weintor. Es wurde 1994 eingeweiht und ist das erste und einzige Weintor in den östlichen Bundesländern. Es verdeutlicht die Bedeutung des Weinanbaus in der Region. Das hölzerne Tor wird umrankt von Weinreben und steht schon weithin sichtbar im Grünen. Es ist ein beliebter Ausgangspunkt für verschiedene Wanderwege in die reizvolle Landschaft. Die Wege führen auf Längen von 6 bis 15 Kilometer rund um Bad Sulza bis in die Weinberge. Für die Anstiege wird man mit wundervollen Aussichten belohnt. Am besten man packt ein wenig Proviant und eine Flasche leckeren Wein ein. Dann steht einer zünftigen Winzervesper nichts im Weg. So lässt sich das Leben feiern.

TIPP

Im Saline- und Heimatmuseum in Bad Sulza erfährt man mehr über die salinetechnischen Anlagen.

Wer nicht so weit wandern möchte, kann das Gradierwerk Luise besuchen, dass sich in unmittelbarer Nähe zum Weintor befindet. Es ist eines von drei Gradierwerken, die es ursprünglich in Bad Sulza gab. Schon seit über 200 Jahren rieselt die Sole an den Schwarzdornwänden hinunter und heilt die Atemwege der Gäste. Die „Luise“ zeichnet sich durch zwei Besonderheiten aus: Zum einen ist sie überdacht. So kann man auch bei Regenwetter die Soledämpfe einatmen. Und zum anderen ist eine Inhalations- und Zerstäuberhalle angeschlossen. Hier wird man von einem sehr feinen Solenebel umhüllt. Einfach tief einatmen und die heilende Wirkung genießen.

- Thüringer Weintor, Wunderwaldstraße/Ecke Am Gradierwerk, 99518 Bad Sulza
- ÖPNV: Haltestelle Bad oder Bahnhof Bad Sulza

Die Wilde Zicke

4

Die Straßenbahn von Naumburg

Nicht nur in Lissabon ist es ein großes Vergnügen, mit der historischen Straßenbahn zu fahren. Auch in Naumburg pendeln nostalgische Straßenbahnen im Linienverkehr zwischen dem Hauptbahnhof und der Innenstadt zum Salztor. Die Fahrt ist ein ganz besonderes Erlebnis. Alles begann 1892. Eine dampfbetriebene Bahn wird in Betrieb genommen und fährt zwischen dem Hauptbahnhof und dem Wenzelstor. 1907 wird die Strecke elektrifiziert und 1914 zur Ringbahn erweitert. Es war die einzige Ringstrecke Europas und schon damals etwas ganz Besonderes. Nachdem die Strecke 1991 stillgelegt wurde, fährt die kleine Bahn seit 2007 wieder auf einem Teilstück der alten Strecke mit dem kleinsten Straßenbahnbetrieb in ganz Deutschland. Da die Stadtbusse mit den Linien 1–3 fahren, erhielt die Bahn den Namen Linie 4. Unverdrossen rumpeln die historischen Fahrzeuge auf den circa 3 Kilometern hin und her. 11 Minuten braucht die Bahn für eine Strecke und sie ist immer pünktlich. Die „Wilde Zicke“ oder „Ille“, wie sie liebevoll genannt wird, fährt mit Fahrzeugen aus den 50er- bis 70er-Jahren. Die restaurierten Wagen verströmen das Flair der alten Zeit und jeder Wagen hat seinen eigenen Charme. Was für ein Vergnügen! Man fühlt sich hier der Zeit entrückt und fast wie in einer Filmkulisse.

TIPP

Die Führungen finden von März bis Oktober jeweils samstags um 14:15 Uhr statt.

Während die Bahn durch die Straßen ruckelt, sitzt man gemütlich auf grün gepolsterten Kunstledersitzen oder auf den Holzbänken der Bahnen. Mit etwas Glück kommt sogar der älteste Wagen der Straßenbahn angefahren. Der „Lindner“ wurde 1928 in der Waggonfabrik Gottfried Lindner gebaut. Wer mehr über die Geschichte der Bahn und die historischen Fahrzeuge erfahren möchte, kann an einer Führung im historischen Straßenbahndepot teilnehmen. Das Gebäude wurde 1840 als Reithalle erbaut und 1892 für die damalige Dampfbahn umgebaut. Seitdem wird es als Wagenhalle und Werkstatt genutzt. Das historische Depot befindet sich unmittelbar an der Haltestelle Poststraße.

● Depot der Straßenbahn, Heinrich-von-Stephan-Platz 5, 06618 Naumburg
naumburger-strassenbahn.de
● ÖPNV: Haltestelle Poststraße/Postring

4
Hauptbahnhof
51
Naumburger

Ein Stückchen Schweden

5 Die Gustav-Adolf-Gedenkstätte in Lützen

Zugegeben, der Grund könnte ein schönerer sein – aber in Lützen gibt es einen Ort, der sehr viel schwedische Atmosphäre besitzt. Im Dreißigjährigen Krieg kam in Lützen an einem nebeligen und trüben Novembertag des Jahres 1632 der Schwedenkönig Gustav II. Adolf ums Leben. Bis heute ist hier die Erinnerung an ihn lebendig, jährlich zieht es zahlreiche Schweden nach Lützen. Kurz nach seinem Tod wurde an die vermeintliche Todesstelle ein großer Findling mit der wenig aussagenden Aufschrift GA 1632 gerollt. Über 200 Jahre lang war es das Einzige, was an ihn erinnerte. Das sollte sich ändern, als Lützen zu Preußen gehörte. Weil man für den Schwedenkönig einen würdigen Gedenkort schaffen wollte, wurde kein Geringerer als Karl Friedrich Schinkel beauftragt. Er schuf eine Art riesigen Baldachin, der den Stein umrahmt. Entstanden ist eine filigran anmutende offene Überdachung aus Gusseisen, die auch heute noch beeindruckt. Ihre Einweihung fand anlässlich Gustav Adolfs 205. Todestag statt. 1907 wurde direkt hinter dem Baldachin eine Kapelle eingeweiht. Gestiftet wurde sie vom damaligen schwedischen Konsul Oscar Ekman und seiner Frau Maria. Für den Bau beauftragten sie den schwedischen Architekten Lars Wahlmann. In der Kapelle befindet sich ein eindrucksvoller Altar, auf dem auf der einen Seite Luther dargestellt ist und auf der gegenüberliegenden Gustav II. Adolf. Der Holzdachstuhl der Kapelle ähnelt einem kieloben liegenden Wikingerschiff.

TIPP

Direkt neben dem Gelände befinden sich ein Tierpark, ein Kletterpark sowie eine Gaststätte.

1931 wurde die Lützenstiftung mit Sitz in Göteborg gegründet. Bis in die 1990er-Jahre übernahm sie die alleinige Betreuung des Geländes, heute teilt sie sich diese mit der Stadt Lützen. Unter Leitung der Stiftung wurden 1932 und 1982 zwei Holzhäuser aus der schwedischen Provinz Dalarna aufgebaut, aus der das Adelsgeschlecht der Wasa, dem auch Gustav Adolf angehört, stammt. In einem der Häuser befindet sich eine informative Ausstellung, außerdem komplettiert das 2024 eröffnete Museum Lützen 1632 die Gedenkstätte. An wohl kaum einem anderen mitteldeutschen Ort ist Schweden lebendiger als hier.

● Gustav-Adolf-Gedenkstätte, Gustav-Adolf-Straße 42, 06686 Lützen, Tel. (03 44 44) 2 03 17, erlebnis-luetzen.de/gustav-adolf-gedenkstaette

Auf ins Kloster

6 Kloster und Kaiserpfalz Memleben

Klöster stehen für Entschleunigung, Entspannung und Spiritualität. Und genau diese findet man im Kloster Memleben. Der gelungene moderne Anbau mit dem Kassenbereich wirkt wie eine Zeitschleuse. Wenn man sie durchschreitet, tritt man in eine andere Welt ein. Mit Betreten des Klostergartens fühlt man sich in das 10. Jahrhundert zurückversetzt, als Memleben eine bedeutende Kaiserpfalz war. Als Sterbeort von König Heinrich I. und Kaiser Otto I. ging sie in die Geschichte ein. Otto II. gründete hier ein Kloster, nicht zuletzt, um das Gedenken an beide lebendig zu erhalten.

Auch wenn die Pfalz heute lediglich als imaginärer Ort existiert, tut das der Anziehungskraft des Klosters keinen Abbruch. Man weiß nicht mehr genau, wo die Pfalz gestanden hat. Überliefert ist nur der Ort der Monumentalkirche aus dem 10. Jahrhundert, die heute durch Steinreihen gekennzeichnet ist und die man von einer Art Hochsitz betrachten kann. Von der Klosteranlage selbst sind nur noch Teile erhalten. Das verstärkt den Eindruck eines Mittelalteridylls inmitten der romantischen Natur des Unstruttals. Besonders deutlich wird dies im Klostergarten – einem Garten der Ruhe, der mit seinen Sitzmöglichkeiten zur inneren Einkehr anregt. Er grenzt an die dachlosen Mauern der einstigen Marienkirche aus dem 13. Jahrhundert. Wer aufmerksam hinsieht, kann an zwei Pfeilern sogar noch die Bemalung erkennen, die sich über alle die Zeit erhalten hat. Von hier aus geht es hinab in die spätromanische Krypta. Sie ist ein wahres Schmuckstück. Einmal im Jahr wird sie zu einem besonders spirituellen Ort. Dann beleben die Benediktinermönche aus dem Kloster Münsterschwarzach den Raum und halten öffentlich Stundengebete. In das Klosterleben eintauchen kann man in den teilweise interaktiven Ausstellungen, die in den Klausurgebäuden gezeigt werden. Sie beschäftigen sich mit der Entwicklung der mittelalterlichen Kloster- und Kulturlandschaft an Saale und Unstrut, der Verflechtung von Wissen und Macht und der Baugeschichte des Klosters.

TIPP

In den Klausurgebäuden stehen fünf Ferienzimmer zur Verfügung.

- Museum Kloster und Kaiserpfalz Memleben, Thomas-Müntzer-Straße 48, 06642 Kaiserpfalz OT Memleben, kloster-memleben.de
- ÖPNV: Haltestelle Memleben, Kloster/Erlebnistierpark

Weinvergnügen

7 Das Weingut Thürkind in Gröst

Im Müchelner Ortsteil Gröst befindet sich das Weingut Thürkind. Es ist gar nicht zu verfehlen, denn nicht nur ein großes Fass weist auf das weithin bekannte Weingut hin. Direkt vor der Einfahrt steht eine riesige Eiche. Sie wurde im Jahr 1875 von drei jungen Männern aus dem Dorf als Dank dafür gepflanzt, dass sie die Schlacht bei Sedan unbeschadet überstanden haben. Die Gründung des Weingutes erfolgte im Jahr 1991 eher zufällig. Mit der Rückübertragung des Vierseitenhofes und der ehemaligen LPG-Flächen erhielt die Familie auch eine bewirtschaftete Rebfläche zurück. Eigentlich wollte man die geernteten Trauben an die Genossenschaft abgeben. Diese nahm zu der Zeit aber keine Trauben an. So entschloss sich Familie Thürkind, ein eigenes Weingut zu gründen. Mit den Jahren sind noch weitere Rebflächen hinzugekommen und das Weingut kann heute auf eine wahre Erfolgsgeschichte zurückblicken. Angebaut werden unter anderem die Rebsorten Müller-Thurgau, Riesling, Weiß- und Grauburgunder, aber auch Blauer Portugieser und Zweigelt. Gekeltert wird hier auf hohem Niveau und schon mancher Tropfen aus dem Weingut Thürkind ist bei Landes- und Bundesweinprämierungen ausgezeichnet worden. Bei einer Weinprobe in der neu gestalteten Vinothek kann man sich selbst von der Qualität der edlen Weine überzeugen. Bei einem leckeren Glas Wein und feinen Kleinigkeiten, wie zum Beispiel hausgemachter Wurst genießt man im gemütlichen Hof oder im einladenden Innenbereich die Zeit.

TIPP
In der Nähe des Winzerhofes stehen Stellplätze für Camper zur Verfügung.

Wer länger bleiben möchte, bezieht in einer der Ferienwohnungen im neu errichteten Gebäude direkt neben dem Winzerhof Quartier. Von hier aus hat man einen wunderbaren Blick auf die Gröster Weinberge. Zusätzlich gibt es direkt auf dem Vierseitenhof zwei Doppelzimmer. Dass man in Gröst schon seit Langem mit dem Wein verbunden ist, zeigt auch die Kirche St. Kilian im Ort, denn sie ist eine Weinkirche. Im Kirchgarten wurden Rebstöcke gepflanzt und im Gotteshaus widmet sich eine Ausstellung dem Thema Bibel und Wein.

● Weingut Thürkind, Neue Dorfstraße 9, 06632 Mücheln OT Gröst, Tel. (03 46 33) 2 28 78, weingut-thuerkind.de
● ÖPNV: Haltestelle Gröst

Fossile Geschichte

8 Museum und Café in der Zentralwerkstatt Pfännerhall

Mit dem Ende der Braunkohleförderungen im Gebiet des heutigen Geiseltalsees sollten eigentlich auch alle Produktionsstätten zurückgebaut werden. Quasi in letzter Minute konnte das Gebäude der ehemaligen Zentralwerkstatt Pfännerhall diesem Schicksal entgehen. In die mit Anklängen an den Stil des Art déco zwischen 1923 und 1926 erbauten Halle ist neues Leben eingezogen. Heute beherbergt sie ein Museum, das sich der vielfältigen Geschichte des Gebietes widmet. Ein Teil der Ausstellung macht die lange Tradition des Bergbaus im Geiseltal anschaulich. Man erfährt Wissenswertes rund um die Geschichte des Abbaus und die Verarbeitung der Kohle. Aber tief in der Erde lagerte hier nicht nur Braunkohle. Eher zufällig fand man 1953 mitten in einer Nachtschicht das Skelett eines großen Mammuts. Teile des Skeletts konnten geborgen werden. Vor dem Museum weist ein großes rotes Mammut auf den sensationellen Fund hin.

TIPP

An der Marina Braunsbedra führt eine circa 200 Meter lange Seebrücke in den Geiseltalsee.

Das eigentliche Mammut, das vor über 150.000 Jahren gelebt hat, befindet sich heute im Landesmuseum für Vorgeschichte in Halle. Aber das war nicht der einzige Fund, der hier gemacht wurde. Die Erdschichten hielten noch weitere prähistorische Überraschungen bereit. Im Laufe der Jahre entdeckte man ein Urpferd und mehrere eurasische Altelefanten. Ein großer Teil der Ausstellung widmet sich dem Fundort Pfännerhall. Neben umfangreichen Erklärungen zu den Funden finden sich auch fossile Exponate in der Ausstellung. Der heimliche Star ist ein riesiger Altelefant. In einer originalgroßen Rekonstruktion kann man das imposante Tier bestaunen. Er dreht sich auf einer Scheibe und stößt dabei urtypische Laute aus.

In der Zentralwerkstatt Pfännerhall gibt es nicht nur interessante Exponate zu bestaunen – in der Industriehalle befindet sich auch ein einladendes Café. Die Einrichtung des Cafés verbindet die Industriekultur mit dem Stil des Art déco. In dem gelungenen Ambiente kann man sich leckere Torten und Kuchen, aber auch kleine herzhafte Speisen schmecken lassen.

- Zentralwerkstatt Pfännerhall, Grubenweg 4, 06242 Braunsbedra
  pfaennerhall-geiseltal.de
- ÖPNV: Bahnhof Braunsbedra Ost

Auf Borlachs Spuren

9 Die historischen Salinenanlagen in Bad Kösen

Gradierwerke gibt es in Deutschland mehrere, aber keines ist in seiner Vollständigkeit so gut erhalten wie das in Bad Kösen, das 1779 erbaut wurde. Wo früher die Vorbereitungen zum anschließenden Salzsieden getroffen wurden, kann man heute die heilende Wirkung des Salzes einatmen. Denn nachdem 1859 die Produktion des Salzes eingestellt wurde, wandelte sich das Gradierwerk zum beliebten Ort für die Freiluftinhalation.

Wer ganz in die faszinierende Geschichte der historischen Soleförderung eintauchen möchte, beginnt den Rundgang am besten an der Saale. Direkt am Wehr wird die Wasserkraft auch noch heute genutzt, um die großen Wasserräder in Gang zu halten. Eines davon liefert die Energie, um das Doppelkunstgestänge anzutreiben. Schon weithin hört man das Knarren des Gestänges. Es weist den Weg bergan zum Borlachschacht und zum Gradierwerk. Das Gestänge treibt heute noch immer die Pumpen im Schacht an, der nach Johann Gottfried Borlach benannt wurde. Sie befördern die Sole zum Gradierwerk. Der Borlachschacht mit seinem Fachwerk und dem prägnanten Turm ist heute das Wahrzeichen der Soleförderung in Bad Kösen. Er fällt sofort ins Auge, wenn man neben dem Feldgestänge nach oben geht. Von da aus sind es nur noch wenige Schritte zum Gradierwerk. Hier verdunstet die Sole, indem sie über das Reisig tröpfelt. Die Luft am Gradierwerk wird durch den feinen Solenebel angereichert. Der Salzgehalt in der Luft ist dadurch wesentlich höher als in den Seebädern an der Küste. Am schönsten ist es hier an Herbsttagen. Dann kehrt in das kleine Bad Kösen langsam Ruhe ein. Und wenn sich die Blätter der Bäume verfärben und die kühlere Herbstluft sich mit der Sole mischt, kann man gemütlich am Gradierwerk entlangspazieren und die frische Luft genießen. Vom oberen Ende des Gradierwerkes, das auf einem steilen Felshang oberhalb der Saale steht, bietet sich ein fantastischer Blick zu den nahe gelegenen mittelalterlichen Burgen.

TIPP

Das Oberdeck im Gradierwerk kann an ausgewählten Sonntagen von April bis Oktober besichtigt werden.

- Park am Gradierwerk, Rudolf-Breitscheid-Straße, 06628 Naumburg OT Bad Kösen
  koesalina.de/freiluftinhalationen-am-gradierwerk
- ÖPNV: Haltestelle Bad Kösen, Niddaer Straße oder Bahnhof Bad Kösen

Die Blaue Blume

10 Das Novalishaus in Weißenfels

Einer der bedeutendsten Vertreter der deutschen Frühromantik, Friedrich von Hardenberg – besser bekannt als Novalis – hatte in der Weißenfelser Klosterstraße seinen Lebensmittelpunkt. Nachdem sein Vater 1786 zum Direktor der kursächsischen Salinen ernannt wurde, zog die Familie nach Weißenfels. Bis zu seinem frühen Tod im Alter von nur 28 Jahren verbrachte er sein Leben in dem barocken Bau, nur unterbrochen von Studienaufenthalten in Jena, Leipzig und Freiberg. Heute betreibt der Literaturkreis Novalis e.V. im zweiten Obergeschoss ein kleines Museum, das sich in drei Räumen dem Leben und Wirken von Novalis widmet. Dabei wird nicht nur auf das literarische Werk eingegangen, sondern ebenso auf seine Studienjahre. Neben der Juristerei beschäftigte er sich auch eingehend mit dem Bergbau, was ihm letztlich eine Anstellung im Salineamt brachte. Besonders die Aufenthalte in Jena und Leipzig waren ausschlaggebend für sein literarisches Schaffen. Hier kam er unter anderem mit Schiller und Schlegel in Kontakt.

TIPP
Nur wenige Schritte entfernt befinden sich im Stadtpark das Grabmal sowie eine Büste von Novalis.

Obwohl zu Lebzeiten nur eine größere Dichtung und einige Fragmente veröffentlicht wurden, ist Novalis prägend für die Epoche der Romantik geworden. Dies liegt hauptsächlich an dem Fragment zum Roman „Heinrich von Ofterdingen“ und der Suche des Titelhelden nach der „Blauen Blume“. Sie steht für die romantische Sehnsucht, das ewige Streben nach Neuem und wurde zum Inbegriff und Symbol der Romantik. In Weißenfels ist die „Blaue Blume“ aber nicht nur eine mythische Verklärung, sie existiert ganz real im kleinen Garten rund um den Novalis-Pavillon direkt neben dem Wohnhaus. An diesem idyllischen Ort der Ruhe blüht die Novalis-Rose. Die Züchtung erstrahlt in einem lavendelblauen bis lilafarbenen Ton und verleiht dem Garten einen besonderen Zauber. Im Pavillon veranstaltet der Literaturkreis regelmäßig Lesungen. In einem romantischeren Ambiente kann man Literatur kaum präsentieren.

● Novalis-Gedenkstätte – Literaturkreis Novalis e. V. Weißenfels, Klosterstraße 24, 06667 Weißenfels, novalis-weissenfels.de
● ÖPNV: Haltestelle Saalstraße

Farbtupfer im Weinberg

11 Die Weinberghäuschen im Freyburger Schweigenberg

Entlang der Weinberge entdeckt man zahlreiche Weinberghäuschen. Sie sind eine Art Markenzeichen der Weinregion Saale-Unstrut. Die höchste Dichte weist der Freyburger Schweigenberg auf. Spaziert man die Unstrut entlang, ist der Blick auf den Berg mit den Häuschen fantastisch, von Weitem sehen sie wie kleine bunte Farbsprenkel aus.

Der Schweigenberg wurde als typischer Terrassenweinberg angelegt. Aufgrund der idealen Sonneneinstrahlung gilt er als eine der besten Lagen im Saale-Unstrut-Gebiet. Der Berg ist in fünf bis zehn Terrassen gestuft. Würde man alle Trockenmauern ablaufen, kommt man immerhin auf eine Länge von 10 Kilometern. Seit jeher ist der Schweigenberg in kleine Parzellen unterteilt, die von unterschiedlichen Winzern bewirtschaftet werden. Heute haben hier über 40 Weinbauern ihre Rebstöcke. Diese Kleinteiligkeit erklärt die hohe Anzahl der Häuschen, die ab 1700 hier entstanden sind. Auf einer Fläche von rund 20 Hektar stehen am Schweigenberg insgesamt 90 Weinberghäuschen unterschiedlichster Art. Es gibt kleine, zweckmäßige Hütten, die den Arbeitern Schutz vor schlechtem Wetter boten und in denen die Arbeitsgeräte aufbewahrt werden konnten. Einige dienten als Wochenendhäuschen, andere waren als luxuriöse Villa geplant. Wie zum Beispiel das sogenannte Toskanaschlösschen. Es wurde um 1860 erbaut und gilt als das heimliche Wahrzeichen des Schweigenbergs. Die Weinberghäuschen spiegeln auch immer den architektonischen Geschmack der Zeit wider. Vom DDR-Funktionsbau bis zum Schlösschen ist alles vertreten. Über alle Zeiten hinweg wurden die Häuschen gern zum Weinausschank genutzt. Einige sind heute die beliebten Straußwirtschaften.

Rund um den Schweigenberg führt ein gleichnamiger Wanderweg. Man kann oberhalb des Schweigenbergs bis nach Zscheiplitz wandern und von dort wieder an der Unstrut entlang zurück nach Freyburg.

TIPP

In der WeinGalerie im Schweigenberg kann man Kunst und Weingenuss miteinander verbinden.

- Freyburger Schweigenberg, Schweigenberge, zwischen 06632 Freyburg und 06632 Zscheiplitz
- ÖPNV: Haltestelle Zeddenbach oder Bahnhof Freyburg

Tierische Erlebnisse

12 Der Tiergarten in Eisenberg

Auf dem Gelände des ehemaligen Gartens des Pianoteilehändlers Felix Geyer wurde 1971 ein kleiner Tiergarten eingerichtet. Zwischen alten Gehölzen und einer romantischen Burgruine leben heute auf dem 2,5 Hektar großen Areal etwa 700 Tiere aus 44 verschiedenen Arten. Einheimische Tiere sind hier genauso zu sehen wie afrikanische und australische Tiere.
Das Motto des Tiergartens „Mit dem Tier auf du und du“ wird hier wörtlich genommen. Bis auf ein paar Ausnahmen, die durch große Hinweistafeln gekennzeichnet sind, ist in diesem Zoo das Füttern der Tiere ausdrücklich erlaubt. Am Eingang und an einigen Stationen im Tierpark ist spezielles Futter zu erwerben. Damit füttert man die Tiere nicht nur durch den Zaun hindurch. Im Tierpark befinden sich zahlreiche Gehege, in die man über kleine Stiegen hineinklettern kann. So kommt man den zutraulichen Tieren ganz nah. Außerdem lädt ein ganzer Bauernhof zum Besuch ein. Niedliche Minischweine, Zwergrinder und Minischafe warten auf Streicheleinheiten. Was für ein Erlebnis! Auch das begehbare Kängurugehege mit den kleinen Bennettkängurus zieht die Aufmerksamkeiten auf sich. Hier kann man die schönen Tiere von Nahem betrachten. Man fühlt sich fast wie im australischen Outback. Ein ganz besonderes Erlebnis ist das Füttern der Mantelpaviane, die direkt an der alten Burgruine ihr Zuhause haben. Hier stehen Äste zum Aufspießen von Äpfeln bereit. Es ist ein riesiges Vergnügen, den wendigen Äffchen dabei zuzusehen, wie sie versuchen, die Äpfel von den Spießen abzubekommen. Das bereitet nicht nur den kleinsten Besuchern eine Menge Spaß. Hier kann man sitzen und die Zeit vergessen. Aber es warten ja noch zahlreiche andere Tiere darauf, entdeckt zu werden. Neben den tierischen Attraktionen gibt es noch einen schön gestalteten Kinderspielplatz, einen Minibagger und sogar eine Goldschürfanlage. Hier erliegen nicht nur Kinder dem Goldrausch.

TIPP
Für die Futterautomaten sollte man genügend Münzgeld parat haben.

- Tiergarten Eisenberg, Geyersberg 2, 07607 Eisenberg
tiergarten-eisenberg-thuer.de
- ÖPNV: Haltestelle Tiergarten

Das Glück liegt im Tal

13 Landgasthof Gieckau

Ein kleines Schild an der B 180 zwischen Osterfeld und Naumburg weist auf den Landgasthof Gieckau hin. Wer hier abbiegt, wird einen wahren Glücksort entdecken. Der Weg führt hinab in das idyllische Tal des kleinen Flüsschens Nautschke. Schon bald sieht man die wunderschönen Fachwerkhäuser des Landgasthofes. Das historische Bauernhaus aus dem Jahr 1726 wurde liebevoll saniert und ist ein wahres Schmuckstück. Das Haus und die Nebengebäude liegen mitten im Grünen in einer weiträumigen Anlage mit einem kleinen Teich, einem Spielplatz sowie einem Streichelzoo. Nicht nur die Kleinsten erfreuen sich an den Ziegen, an Schwein Oskar und den anderen Tieren im Gehege. Im Gasthaus warten auf die hungrigen Besucher mehrere unterschiedliche Räume. Die verwinkelte, urige Gaststube verströmt durch die verschiedenen Unterteilungen eine anheimelnde Atmosphäre. Außerdem kann man sich im romantischen Kaminzimmer, im Jagdzimmer oder in der kleinen Gieckaustube, die gerade einmal neun Personen Platz bietet, bewirten lassen.

TIPP

In unmittelbarer Nähe kann man im Vanilla Hof übernachten.

Bei schönem Wetter lockt der Biergarten mit Blick in die Natur die Gäste nach draußen. So lässt es sich entspannen. Und vielleicht kommen die Gänse vom Teich ganz neugierig an den Tisch und schauen, was hier passiert. Auf der Speisekarte des Landgasthofes stehen traditionelle, regionale Gerichte, wie zum Beispiel Thüringer Rostbrätel, Kasslerkamm mit Sauerkraut oder Tafelspitz mit Meerrettichsoße. Leckere Vorspeisen und Desserts ergänzen die Karte und natürlich darf auch einheimischer Wein nicht fehlen. Alle Gerichte werden mit viel Liebe zubereitet. Vor oder nach dem Essen bietet sich ein Spaziergang durch das Ensemble und den anschließenden Wald an. Der Landgasthof Gieckau ist ein gemütliches Restaurant in ländlicher Umgebung, das man in der direkten Nähe zur Bundesstraße so nicht erwartet hätte. Der kleine Abstecher lohnt auf jeden Fall.

● Landgasthof Gieckau, Gasse 6, 06618 Wethau OT Gieckau, Tel. (03 44 45) 2 13 38
landgasthof-gieckau.de
● ÖPNV: Haltestelle Gieckau

Kunst im Weinberg

14 Das Max-Klinger-Haus in Großjena

1903 erwarb der bekannte Leipziger Maler, Grafiker und Bildhauer Max Klinger ein Anwesen mit einem Weinberg im idyllischen Blütengrund an den Ufern der Unstrut in Großjena unweit von Jena. Das größere Haus baute er zu einem Wohnhaus um, das kleine Weinberghaus wurde seine Arbeitsstätte – das Radierhäuschen. Der Blick von dem oberhalb des Weinbergs gelegenen Häuschen ist unbeschreiblich schön. Erst wenn man dort steht, begreift man, wovon Klinger so begeistert war, dass er die Region die Toskana des Nordens nannte. Der Künstler verbrachte hier die Sommermonate mit seiner Lebensgefährtin Elsa Asenijeff und später mit Gertrud Bock. Klinger war so angetan von der Schönheit des Ortes, dass er dort auch begraben werden wollte. Auf seinem Grab steht seine lebensgroße Bronzeplastik „Der Athlet". Die Treppe zur Grabstätte zieren zwei marmorne Hermen mit den Porträts von Klinger und Gertrud Bock.

Nach Klingers Tod 1920 ist das Anwesen in einen Dornröschenschlaf gefallen. Erst 2006 öffnete im ehemaligen Wohnhaus ein Museum. Aus dem Haus ist ein richtiges Schmuckstück geworden. Die farbliche Innengestaltung passt perfekt in die Landschaft; es dominieren zarte Gelb- und Grüntöne. Die Dauerausstellung im Haus gibt einen Überblick über Leben und Schaffen des Künstlers. Gezeigt werden überwiegend die hier entstandenen Radierungen und Plastiken, aber auch das Arbeitswerkzeug. Besonders beeindruckend sind die original erhaltenen Kachelöfen. Sie wurden von Klinger entworfen und geformt. Auch in das Radierhäuschen ist wieder Leben eingezogen. In der Künstlerwerkstatt finden in regelmäßigen Abständen Kurse statt. Nach Voranmeldung kann man sich unter fachkundiger Anleitung in Ätzradierungen und Kaltnadelradierungen ausprobieren. In unmittelbarer Nähe zum Weinberghaus befinden sich Ferienhäuser sowie das Max-Klinger-Weinbergcafé mit einer großen Aussichtsterrasse und einem romantischen Kaminhäuschen. Bei hausgemachtem Kuchen und einem Glas Wein kann man den Ausflug gemütlich beenden.

TIPP

Wein vom Klingerweinberg erhält man bei den Weingütern Herzer und Klaus Böhme.

● Max-Klinger-Haus, Blütengrund 3, 06618 Naumburg OT Großjena
mv-naumburg.de/museen/max-klinger-haus-grossjena
● ÖPNV: Bahnhof Kleinjena (ca. 25 Minuten Fußweg)

Hoch hinaus

15 Der Turm der Stadtkirche St. Wenzel

Die wohl spektakulärste Aussicht auf Naumburg hat man vom Turm der Stadtkirche St. Wenzel. Der Innenraum der Kirche aus dem Jahr 1426 wurde 1724 umgebaut und erhielt damit seine heutige barocke Ausstattung. Benannt wurde sie nach dem böhmischen Herzog Wenzel. Die Kirche steht am Topfmarkt, also mitten in der Bürgerstadt. Sie war die Stadtkirche für die Naumburger Bürger. Naumburg war eine zweigeteilte Stadt. Domfreiheit und Bürgerstadt waren durch Stadtmauern voneinander separiert. Am besten sieht man dies vom Kirchturm aus, aber davor hat der Erbauer 202 Stufen bis zur Türmerwohnung und nochmals 40 bis zur Aussichtsplattform in der Turmlaterne gesetzt. Dabei kommt man am historischen mechanischen Uhrwerk und dem Glockenstuhl mit dem Dreiergeläut aus dem Jahr 1518 vorbei. Das sind kleine willkommene Pausen. Aber der Aufstieg wird mit einem spektakulären Rundumblick belohnt. Der Blick wandert über die Naumburger Altstadt, den Dom, über die grünen Hügel ringsumher und sogar der Dicke Wilhelm der Neuenburg in Freyburg ist zu sehen. Alles scheint zum Greifen nah.

TIPP

Die Besteigung des Wenzelsturms ist von Ostern bis Oktober möglich.

Mit einer Gesamthöhe von 72 Metern ist er der höchste Turm der Stadt. Die oberste Plattform befindet sich auf 53 Metern und die Wohnung auf 45 Meter Höhe. Obwohl sich der Turm direkt an der Kirche befindet, war er von alters her in städtischer Hand. Seit Anfang des 16. Jahrhunderts lebten hier die Türmer, die in Naumburg Hausmänner genannt werden. Sie sollten nach Feuer und Feinden Ausschau halten, das Uhrwerk beaufsichtigen und die Glocken läuten. Die 36. und letzte Türmerin lebte bis 1997 in der kleinen Wohnung. Heute informieren Ausstellungstafeln über das Leben der ehemaligen Türmer in der 70 Quadratmeter großen Wohnung, die in fünf klitzekleine Räume und eine Diele aufgeteilt ist. Aber auch ein Blick in die Kirche lohnt. Zu den besonderen Schmuckstücken zählt die Hildebrandt-Orgel. Von Mai bis Oktober kann man mittwochs, samstags, sonntags und an den Feiertagen jeweils um 12 ihrem Klang lauschen.

- Turm der Stadtkirche St. Wenzel, Am Topfmarkt, 06618 Naumburg
  mv-naumburg.de/museen/turm-st-wenzel
- ÖPNV: Haltestelle Markt oder Neustraße

Frühlingsboten

16 Die Märzenbecherwiese bei Ossig

Zwischen den Orten Ossig, Lonzig und Schellbach schlängelt sich das kleine Flüsschen Aga durch einen idyllischen Laubwald. Hier wartet jedes Jahr im Frühjahr ein ganz besonderes Naturschauspiel auf die Besucher. Wenn sich Ende Februar der Schnee zurückzieht und es langsam wärmer wird, schauen mitten im Wald die ersten grünen Spitzen der Märzenbecher aus dem Boden. Sie künden vom nahenden Frühling. Je nach Wetterlage blühen sie bis Anfang April. Ein wahrer Zauber der Natur.

Am besten startet man den Ausflug zu den kleinen Glücklichmachern in Ossig. Am Artenschutzturm in der Johann-Gottlob-Rösseler-Straße gibt ein Holzschild die Richtung zur Märzenbecherwiese an. Das Plätschern des Baches weist den Weg. An seiner Seite kommt man zum Ziel, denn um zu wachsen, brauchen die Märzenbecher nasse Füße. Der erste Teil der Wanderung führt über grüne Wiesen, später durch den Wald, entlang einer nahezu unberührten Landschaft. Umgeben von schroffen Hängen ist es an sonnigen Tagen ein besonderes Vergnügen, durch den Wald zu laufen. Je weiter der Frühling vorangeschritten ist, umso farbenprächtiger zeigt sich der Waldweg. Wenn die Märzenbecher in voller Blüte stehen, gesellen sich bald Buschwindröschen und Winterlinge hinzu und der Duft von Bärlauch steigt einem in die Nase. Nach etwa einem Kilometer ist das Ziel erreicht. Mitten im Wald breitet sich ein großer weiß-grüner Teppich auf dem Waldboden aus. Tausende von Märzenbecher blühen auf den flussnahen Wiesen. Zart hängen die hübschen weißen Glöckchen mit dem gelbgrünen Tupfen am Blütenschaft und schaukeln im Wind. Was für ein herrlicher Anblick, bei dem man unweigerlich gute Laune bekommt. Ein Gefühl von Leichtigkeit und Unbeschwertheit überträgt sich auf einen selbst. Mit frisch getankten Glücksgefühlen geht es durch den Wald wieder zurück nach Ossig. Auch wenn die blühenden Märzenbecher beliebte Fotomotive sind, ist Vorsicht geboten, denn das Betreten der Wiesen sollte unbedingt vermieden werden.

TIPP

Ein Spaziergang durch Ossig mit seinen Fachwerkhöfen und der trutzigen Kirche rundet den Ausflug ab.

- Märzenbecherwiese, Start der Wanderung am Artenschutzturm in der Johann-Gottlob-Rösseler-Straße, 06712 Schellbach OT Ossig
- ÖPNV: Haltestelle Ossig

Der Klang alter Glocken

17

Glockenmuseum in der Glockengießerei Ulrich in Laucha

Wenn eine alteingesessene Firma ihren Betrieb mangels Nachfolger einstellen muss, ist dies alles andere als ein Grund zur Freude. Aber manchmal gibt es eine Chance, etwas Neues entstehen zu lassen. In Laucha ist das geschehen. Man schreibt das Jahr 1732, als der Glockengießermeister Johann Georg Ulrich in die Stadt an der Unstrut kam, um hier eine Glocke zu gießen. 1790 war es so weit, dass er eine Glockengießerei eröffnen konnte, die bis in das Jahr 1911 existierte. Die Gießerei spezialisierte sich im Laufe der Zeit auf die Herstellung von Kirchenglocken und eisernen Glockenstühlen. In der Werkstatt wurden weit über 5000 verschiedene Bronzeglocken gegossen. Eine Glocke war sogar so groß, dass sie nach dem Gießen nicht mehr durch das Tor passte. Erst nachdem ein Teil des Mauerwerks entfernt wurde, konnte sie hinaustransportiert werden.

Der letzte Glockengießer der Familie, Emil Ulrich, hatte keinen Nachfolger und die Firma wurde 1911 an die Glockengießerei Schilling aus Apolda verkauft. Diese schenkte der Stadt die Gießerei samt Inventar unter der Auflage, sie als Museum zu erhalten. 1932 wurde endlich in der circa 100 Quadratmeter großen, bruchsteinernen Werkstatt ein Museum eröffnet. Rund um den alten Schmelzofen erfahren die Besucher allerlei Wissenswertes rund um das Glockengießen. Anhand zahlreicher Werkzeuge und der ausgestellten Glocken bekommt man einen authentischen Einblick in dieses seltene historische Handwerk. Die älteste der ausgestellten Glocken stammt aus dem Jahr 1311 und wurde von Mönchen gegossen. Man erfährt interessante Geschichten, beispielsweise, dass in der Gießerei Ulrich auch eine Glocke für den Naumburger Dom gegossen wurde. Die Drei-Kaiser-Glocke entstand 1895 und wog etwa 115 Zentner. Allerdings ist ihr Geläut heute leider nicht mehr zu hören. Sie wurde während des Ersten Weltkrieges eingeschmolzen. Aber man kann selbst eine Glocke im Museum zum Klingen bringen. Was für einen warmen, satten Klang eine solche Glocke erzeugt.

TIPP

Ein Spaziergang entlang der circa einen Kilometer langen Stadtmauer rundet den Besuch ab.

- Glockenmuseum, Glockenmuseumstraße 1, 06636 Laucha
- ÖPNV: Bahnhof Laucha

Wo Rotkäppchen wohnt

18 Rotkäppchen Erlebniswelt in Freyburg

Inmitten der Weinberge von Freyburg liegt ein Prickeln in der Luft, denn hier ist die Heimat des beliebten Rotkäppchen Sektes. Alles begann im Jahr 1856. Moritz und Julius Kloss und Carl Foerster eröffneten damals eine Weinhandlung. Schon ein Jahr später fassten die drei den Entschluss, nicht nur Wein zu verkaufen, sondern auch Sekt herzustellen. Gesagt – getan: Sie gründeten die Sektkellerei Kloss & Foerster und schon bald konnten die ersten Korken knallen. Da französische Markennamen in der Zeit in Mode waren, hießen die Sektsorten „Monopol" oder auch „Crémant Rosé". Bald kam es aber zu einem Markenstreit, in dessen Folge der Name Monopol nicht mehr verwendet werden durfte. Man wählte den Namen Rotkäppchen nicht des Märchens wegen, sondern weil die Sektflaschen eine rote Kappe hatten.

TIPP

Im historischen Lichthof finden übers Jahr zahlreiche Veranstaltungen statt.

Dies und noch viel mehr erfährt man in der Rotkäppchen Erlebniswelt, die man entweder bei einer Führung oder auf eigene Faust erkunden kann. Die interaktive Ausstellung nimmt die Besucher mit auf eine spannende Reise durch die Geschichte des Rotkäppchen Sektes und seine Herstellung. Über 50 Stationen bieten einen spannenden Einblick von der Traube bis zum fertigen Produkt. Kurzweilig erfährt man alles über die sorgfältige Auswahl der Zutaten, die traditionelle Handwerkskunst und die moderne Technologie, die hinter jedem einzelnen Glas Rotkäppchen Sekt steckt.

Eines der Highlights ist das beeindruckende Riesenfass im altehrwürdigen Domkeller. Es besitzt ein Fassungsvermögen von 120.000 Litern und war bis 1935 als Cuvéefass in Benutzung. 4 Jahre brauchten Böttcher und Küfer, bis es vollendet war. Sie verbauten insgesamt 25 Eichen aus den Wäldern der Region. Seine überaus reichen Verzierungen machen es zu einem wahren Meisterwerk. Den perfekten Abschluss bildet der Besuch der Bar im neu errichteten Pavillon. Hier kann man mit Blick auf die Weinberge das gesamte Rotkäppchen Sortiment probieren und im angeschlossenen Shop exklusive Produkte erwerben. Prosit!

- Rotkäppchen Erlebniswelt, Sektkellereistraße 5, 06632 Freyburg
  rotkaeppchen.de/erlebniswelt
- ÖPNV: Haltestelle Kirchstraße oder Bahnhof Freyburg

Sektherstellung
in Handarbeit.
Die Magie, die aus
der Flasche kommt:
Traditionelle

Novalis war hier

19

Schloss und Kirche in Goseck

Vom Ort Goseck führt eine unscheinbare Straße bergab Richtung Schloss. Unvermittelt befindet man sich in einem idyllischen Innenhof, in dessen Mitte ein riesiger Ginkgo steht. Er wurde 1859 gepflanzt und selbst wenn er einiges vom Schloss und der Kirche erzählen könnte, es wäre immer nur ein Bruchteil aus der langen Geschichte, auf die der Ort zurückblickt. Bereits um 890 wird an dieser Stelle eine Burg im Hersfelder Zehntverzeichnis erwähnt. Um 1000 ist sie die Stammburg der Pfalzgrafen von Sachsen unter Friedrich I. von Goseck. Nach dessen Tod lassen seine Söhne eine beeindruckende Benediktinerabtei errichten. Die zum Kloster gehörende Kirche war von unglaublicher Größe. Im Zuge der Reformation wurde auch dieses Kloster säkularisiert. Es begann eine wechselvolle Geschichte mit zahlreichen Besitzerwechseln. Einige Gebäude wurden abgerissen, neue entstanden. Auch die Kirche blieb vom Rückbau nicht verschont. Heute noch lassen sich ihre einstigen Ausmaße im Innenhof sehr gut nachvollziehen. Mandelbäumchen markieren hier die ehemaligen Stützpfeiler des Langhauses.

TIPP
Ein Genuss ist auch das Essen in der Schloss-Schenke im Innenhof.

Ab 1997 zieht neues Leben in das Schlossgelände ein. Die Kulturstiftung Sachsen-Anhalt wird Eigentümerin und beginnt umfangreiche Sanierungsarbeiten. Im Herbst 1998 gründet sich der Verein Schloss Goseck e. V., er baut das Musik- und Kulturzentrum Schloss Goseck auf. Seitdem finden regelmäßig Veranstaltungen und Konzerte statt, die den Kirchenraum mit Klang füllen. Außerdem erwartet den Besucher in der aufwendig sanierten Kirche über mehrere Etagen bis hinab zur einzigartigen Einstützenkrypta eine ansprechend gestaltete Ausstellung. Eine weitere Überraschung ist der unvermutet schöne und weite Ausblick. Auch wenn der Schlosseingang bergab liegt, thront das Schloss erhaben über der Saale. Kurz hinter dem Torausgang Richtung Wald saß einst Novalis auf einer kleinen Bank und genoss die sensationelle Aussicht über die Saale weit bis nach Naumburg. Er beschrieb dieses Erlebnis in dem Prosastück „Spaziergang nach Goseck“.

- Schloss Goseck e. V., Burgstraße 53 b, 06667 Goseck
schlossgoseck.de
- ÖPNV: Haltestelle Bergschlösschen

Unbekanntes Zauberreich

20 Nietzsche-Gedenkstätte in Röcken

Auf Friedrich Nietzsche trifft man im Saale-Unstrut-Gebiet an mehreren Stellen. In Naumburg verbrachte er seine Kindheit und Jugend, in Schulpforta drückte er die Schulbank, auf der Burg Schönburg gründete er mit Freunden den Verein Germania. Aber einen der authentischsten Nietzsche-Orte findet man im kleinen Röcken. Hier wurde er 1844 als Pastorensohn geboren, hier wurde er getauft, hier liegt er begraben. Um diese Fixpunkte seines Lebens dreht sich die kleine feine Ausstellung im ehemaligen Waschhaus des Gebäudekomplexes. Sie befasst sich mit den Jahren seiner Kindheit, die er bis zum frühen Tod des Vaters hier verbrachte. Danach musste die Mutter das Pfarrhaus verlassen und zog nach Naumburg. Außerdem geht die Ausstellung auf sein Verhältnis zum Christentum und auf die Geschichte seines Grabes ein.

TIPP

In Naumburg kann im Wohnhaus der Familie das Nietzsche-Museum besichtigt werden.

Aber nicht nur die Ausstellung ist sehenswert, sondern auch das Kirchengelände, das ein fantastisches Ensemble bildet. Zentraler Punkt ist die romanische Kirche mit dem trutzigen Wehrturm aus dem 12. Jahrhundert. Direkt neben der Kirche befindet sich Nietzsches Grab sowie das seiner Familie. Auf der anderen Kirchenseite wurde die von Klaus F. Messerschmidt geschaffene Skulpturengruppe „Röckener Bacchanal" zu Nietzsches 100. Todestag eingeweiht. Umgeben von Bäumen steht auf der Wiese eine Skulpturengruppe aus lebensgroßen Bronzen mit weißem Überzug. Sie stellen zweimal Nietzsche und einmal ihn mit seiner Mutter dar. Der Bildhauer hat ein Foto nachgebildet, auf dem Nietzsche seine Mutter am Arm hält. Die anderen zwei deuten auf ein Traumbild hin, das Nietzsche seinem väterlichen Freund Jakob Burckhardt mitgeteilt hatte. Er träumte, wie er „so gering gekleidet als möglich, zweimal bei (s)einem eigenen Begräbnis zugegen" ist. Natürlich tragen die Figuren den prägnanten Walrossbart. Im Garten laden Bänke zur Erholung, aber auch zur philosophischen Einkehr ein. Nietzsche beschrieb seine Zeit in Röcken als ein „unbekanntes Zauberreich". Ein Ort der Stille ist es auf jeden Fall.

- Nietzsche-Gedenkstätte, Teichstraße 8, 06686 Lützen OT Röcken
  nietzsche-gedenkstaette.de
- ÖPNV: Haltestelle Röcken

Glück kann man kaufen

21 Schön & Gut am Lindenring in Naumburg

Am Naumburger Lindenring wartet ein Laden voller Glücksmomente auf die Besucher. Das Schön & Gut verzaubert mit einem besonderen Konzept. In ihrem Refugium haucht Julia Leinenbach alten Dingen ein neues Leben ein. In mühevoller Kleinarbeit werden aus alten Möbeln unterschiedlichster Art schicke Unikate, die ihre neuen Besitzer glücklich machen. Profundes Fachwissen und viel Handarbeit sind dafür nötig. Schränke, Tische, Kommoden und vieles mehr werden aufwendig restauriert; sie werden abgeschliffen, ausgebessert und mit neuem Anstrich versehen. Die Farben dafür werden zum Teil selbst hergestellt. Und am Ende erstrahlen die Möbelstücke in neuem Glanz, aber in ihnen steckt immer noch das alte Leben. Viele von ihnen besitzen eine gewollte Patina und verbreiten einen Shabby-Chic-Charme.

TIPP

Der Lindenring war einst die Grenze zwischen Domfreiheit und Bürgerstadt.

Gern kann man hier auch sein eigenes Möbelstück aufarbeiten lassen. Wenn man den Laden betritt, weiß man gar nicht, wo man zuerst hinschauen soll. Neben den Vintagemöbeln findet man auch liebevoll ausgesuchtes Porzellan, Gläser, Textilien und allerlei weitere Dekoartikel, die das charmante Ambiente unterstreichen.

In dem wundervollen Laden gibt es aber nicht nur Behagliches für die Wohnung, sondern auch Leckeres für den verwöhnten Gaumen. Julia Leinenbacher stellt aus regionalen Zutaten exzellente Balsamico-Essige, verschiedene Sirupe, Chutneys und Marmeladen her. Das Quittengelee schmeckt herrlich nach Herbst, der Himbeersirup mit Himbeeren aus dem eigenen Garten bringt umgehend den Sommer zurück und der Bratapfelsirup lässt schon mal Weihnachtsstimmung aufkommen. Das Angebot richtet sich danach, was die Natur jahreszeitlich bereithält und wird nur in kleinen Mengen mit viel Liebe hergestellt. Da heißt es schnell sein. Ergänzt wird das Sortiment mit regionalen Delikatessen und Spezialitäten, natürlich werden auch Weine von Saale und Unstrut angeboten. Auch wenn man, wie es heißt, Glück eigentlich nicht kaufen kann: Im Schön & Gut scheint das nicht ganz zu stimmen.

- Schön & Gut – Möbel und mehr, Lindenring 5, 06618 Naumburg
- ÖPNV: Haltestelle Lindenring/Dom

Blick über den See

22 Aussichtsturm Pauline am Geiseltalsee

Noch vor wenigen Jahren war die Landschaft zwischen Mücheln und Braunsbedra vom Braunkohleabbau geprägt. Schon 1698 lässt sich hier der Bergbau urkundlich belegen. In der zweiten Hälfte des 19. Jahrhunderts gewann er dann zunehmend an Bedeutung. Tag und Nacht liefen die riesigen Schaufelradbagger, bis schließlich 1993 die letzte Tonne Braunkohle gefördert war. Nun konnte ein neues Leben für die geschundene Halde, die teilweise bis zu 120 Metern in die Erde reichte, beginnen. Dort wo früher die Abraumbagger standen, ist heute der größte künstlich angelegte See Deutschlands entstanden.

Um den See führt ein ausgedehntes Rad- und Wandernetz mit zahlreichen Rast- und Aussichtsplätzen. Aufgrund der Höhenunterschiede von über 100 Metern und der Halbinsel kann man den See von einem Punkt aus nie ganz sehen. An jedem Ausblick wartet eine neue, überraschende Aussicht. Von jedem der Türme bekommt man eine gute Vorstellung von der Größe des Sees.

Einen fantastischen Blick auf die südliche Hälfte des Sees hat man vom Aussichtsturm mit dem schönen Namen Pauline in der Nähe von Stöbnitz, einem Ortsteil von Mücheln. Von dem 15 Meter hohen Turm schweift der Blick zur Marina in Mücheln und über die Halbinsel mit dem Geiseltal-Camp bis zum Weinberg Goldener Steiger. Der Holzturm ist ganzjährig geöffnet, er befindet sich nur wenige Meter vom Parkplatz entfernt. Zu seinen Füßen steht eine kleine Bank, die in den Sommermonaten ganz romantisch von grünen Sträuchern umgeben ist, ein wirklich idyllisches Plätzchen. Außerdem befindet sich am Turm das Außengelände der Abenteuerkita „Regenbogen“. Die große Gruppe der Kita erlebt hier die Natur zum Greifen nah, Besucher sind jederzeit eingeladen, sich umzusehen. Was für ein tolles Projekt. Der Turm ist ideal, um von hier aus die Umgebung zu erkunden, man kann aber auch einfach die Picknickdecke ausbreiten und die wunderbare Landschaft genießen.

TIPP

Oben auf dem Weinberg „Goldener Steiger“ am See öffnet von April bis Oktober eine Straußwirtschaft.

- Aussichtsturm Pauline, am Parkplatz in der Werkstraße, 06249 Mücheln OT Stöbnitz, geiseltalsee.de
- ÖPNV: Haltestelle Stöbnitz, Gaststätte oder Bahnhof Mücheln (ca. 20 Minuten Fußweg)

Romantischer Ausblick

23

Die Schönburg

Ein paar Kilometer von Naumburg saaleabwärts ragt im gleichnamigen Ort auf einem steil abfallenden Buntsandsteinfelsen die Ruine der Schönburg empor. Sie ist eine der ältesten Burgen im Saale-Unstrut-Gebiet und soll im 12. Jahrhundert von Ludwig dem Springer erbaut worden sein. Der Legende nach soll er sie errichtet haben, um der schönen Adelheid nah zu sein. Sie lebte mit ihrem Mann, einem Wettiner Grafen, auf der gegenüberliegenden Burg Goseck. Doch ihr nur nah sein reichte ihm nicht, er ließ den Grafen ermorden und nahm Adelheid zur Frau. Doch mit solch einem Beginn stand die Ehe unter keinem guten Stern, sie hielt auch nicht lange. Vom 13. Jahrhundert bis zur Reformation gehörte die Burg den Bischöfen von Naumburg und Zeitz. Diese nutzten sie als Sommersitz. Mit der Zeit verfiel die Burg. Ein neues Leben wurde ihr mit der beginnenden Zeit der Romantik eingehaucht.

Anfang des 19. Jahrhunderts begannen Sanierungsarbeiten und der Bergfried wurde der Öffentlichkeit wieder zugänglich gemacht. Kurz darauf eröffnete eine Gaststätte im Innenhof, die wenig später in das Gebäude der alten Försterei gleich am Eingang zur Burg zog. Noch heute werden hier alle hungrigen und durstigen Gäste begrüßt. Die Schönburg besteht aus zwei Innenhöfen. Die Grundrisse sind noch gut zu erkennen, auch wenn die meisten Gebäude bis auf Mauerreste verschwunden sind. Nur der trutzige Bergfried mit seinem prägnanten Zinnenkranz hat die Zeit überdauert. Von der Aussichtsplattform des Turmes hat man einen herrlichen Blick über das Tal der Saale. Ein ganz besonderes Erlebnis ist ein Candle-Light-Dinner auf einem balkonartigen Mauervorsprung im ersten Innenhof der Burg. Bei einem Viergangmenü und einem Wein aus der Region kann man den Blick über die Landschaft genießen und ganz romantisch der Sonne beim Untergehen zusehen. Was gibt es Schöneres? Und als bleibende Erinnerung kann man auf dem Jubiläumsweinberg vor und in der Burg sogar einen eigenen Weinstock pflanzen.

TIPP

Im Ort Schönburg verbreiten Fachwerkhäuser einen idyllischen Charme.

● Schönburg, Schönburg 77, 06618 Schönburg
burg-schoenburg.de
● ÖPNV: Haltestelle Schönburg

Ein Leben ohne Mops ...

24 Der Mops mit Zipfelmütze in Weißenfels

Was für Bremen die Stadtmusikanten sind, ist in Weißenfels der Mops. Leider hat er es noch nicht zu solch großer Berühmtheit wie seine Verwandten an der Weser gebracht. Das mag zum einen an seinem etwas versteckten Standort liegen und zum anderen an seinem literarischen Ursprung, der nicht einem Märchen, sondern einem Roman entstammt. Die drollige Figur geht auf den Roman „Die letzte Recklenburgerin“ der Weißenfelser Schriftstellerin Louise von François aus dem Jahr 1871 zurück. In dem Familienroman nannte sie das Haus, in dem sie ihre Kinder- und Jugendzeit verbrachte, „Mops mit Zipfelmütze“. Sie verglich das Haus mit dem langen steilen Dach mit einem Mops, dem man eine Zipfelmütze übergestülpt hat.

Nachdem zu Beginn des 20. Jahrhunderts der Brauereibesitzer Oettler das Haus am Markt 6 (heute Leipziger Straße) gekauft hatte, entstand der Plan, den Mops Wirklichkeit werden zu lassen. Er gab bei dem Weißenfelser Kunstmaler und Bildhauer Prof. Haase eine Steinfigur in Auftrag. Er fertigte den niedlichen Mops mit seiner großen Zipfelmütze als steinernes Denkmal. Bei der Sanierung und dem Neubau des Hauses musste der Mops, dem die Zeit stark zugesetzt hatte, weichen. Der Mops lagerte über lange Zeit im städtischen Depot. Aus statischen Gründen konnte der Mops nicht mehr an seinen angestammten Platz zurück, denn immerhin wiegt die 2,3 Meter hohe Figur eine Tonne. Aber es gab ein Happy End. Im alten Revier wurde ein Platz für ihn gefunden. Der Mops wurde gesäubert und restauriert. Es mussten einige Fehlstellen ausgebessert und nachmodelliert werden. Nun thront der große Mops auf einem Kalksteinsockel an der Terrasse des Schlosshanges und hat seinen ehemaligen Standort fest im Blick. Er steht etwas versteckt im Hinterhof des Hauses Markt 6 zwischen dem Schlossberg und dem neu entstandenen Anbau des Hauses. Die Suche nach dem Mops lohnt sich aber, und das nicht nur für Hundeliebhaber. Wer kann schon dem Anblick dieses süßen Mops widerstehen.

TIPP

Der schmucke Marktplatz mit Rathaus, Marienkirche und den Bürgerhäusern liegt in unmittelbarer Nähe.

- Skulptur Mops mit Zipfelmütze, Hinterhof des Hauses Leipziger Straße 7, 06667 Weißenfels
- ÖPNV: Haltestelle Markt

Der Zauber der Natur

25 In den Saaleauen von Bad Dürrenberg

Bad Dürrenberg begeistert nicht nur mit seinem Kurpark, sondern auch mit den herrlichen Auwäldern an der Saale. Im Schatten der Bäume kann man auf schönen Waldwegen Erholung finden. Idealer Start- und Zielpunkt für den idyllischen Gang durch die Natur ist die beliebte Ausflugsgaststätte Neptunklause. Direkt entlang der Saale verläuft der Weg bis zum Damwildgehege. Nicht nur für Kinder ist dies ein beliebter Ort und eine schöne Abwechslung. Nun geht es weiter zur Einmündung des Persebaches. Ein Schild weist auf den Naturlehrpfad hin, der an zahlreichen Besonderheiten der Saaleauen vorbeiführt. Nur wenige Schritte sind es bis zur verwunschen anmutenden Auenlandschaft mit ihren mehr als 300 Jahre alten Eichen.

Aber nicht alles ist hier natürlich entstanden. An manchen Stellen wurde von Menschenhand nachgeholfen – genauer gesagt von Prof. Dr. Karl Freiherr von Fritsch. Die Familie von Fritsch besaß ein Rittergut im nahe gelegenen Goddula. Der Freiherr war ein bekannter Geologe und Paläontologe, der ausgedehnte Forschungsreisen auf die Kanaren und nach Marokko unternahm und die geologischen Grundlagen für den Bau des Gotthardtunnels legte. Von seinen Reisen brachte er Kalmuswurzeln und Sumpfzypressen mit und pflanzte diese in den Saaleauen an. So säumen heute noch zahlreiche aus dem sumpfigen Boden ragende „Wurzelknie“ der Sumpfzypressen den Weg. Besonders gut sieht man die kleinen Stümpfe in den Jahreszeiten, wenn der Boden noch nicht zu sehr mit anderem Grün bewachsen ist. Hier ist ein wirklich einmaliges Biotop entstanden. Der Weg führt weiter bis zum Deich. Nach wenigen 100 Metern auf dem Deich erreicht man den Lämmerwiesenweg. Direkt an der Einmündung ist eine Herde Schafe zu Hause. Der Weg führt gut ausgeschildert weiter zurück zur Neptunklause. Wer die Wanderung verlängern möchte, kann am Deich weiter entlang bis Goddula laufen und noch der sehenswerten Kirche einen Besuch abstatten. Von hier aus führt der Weg weiter Richtung Neptunklause.

TIPP

An der Einmündung des Persebaches startet außerdem ein Trimmpfad für alle Altersgruppen.

● Saaleauen, Start- und Zielpunkt des Spaziergangs an der Gaststätte Neptunklause, Am Persebach 8, 06231 Bad Dürrenberg

Mediterrane Weinoase

26 Das Thüringer Weingut in Bad Sulza

Das größte Weingut im Saale-Unstrut-Gebiet ist das Thüringer Weingut Bad Sulza. Hier werden auf circa 50 Hektar Reben angebaut. In den 60er-Jahren belebte die ortsansässige LPG den Weinanbau wieder. Allerdings fand hier ausschließlich der Anbau statt, die Weiterverarbeitung erfolgte in Bad Kösen. Nach der Wende suchte man nach neuen Möglichkeiten. So wurde 1992 mit dem Thüringer Weingut Bad Sulza das erste Weingut in Thüringen gegründet. 2 Jahre später übernahm Andreas Clauß das Gut und führt es mit seiner Familie noch heute. Der Sitz des Weingutes befindet sich seit 1998 in einem ehemaligen Bauernhof im Bad Sulzaer Ortsteil Sonnendorf in wunderbarer Lage oberhalb der Weinberge. Mit viel Liebe wurde das alte Gehöft ausgebaut. Entstanden ist eine wahre Weinoase. Umrahmt von mediterranen Pflanzen kann man hier die leckeren Tropfen in aller Ruhe verkosten und natürlich auch direkt kaufen.

TIPP
Zu den Tagen der offenen Weinkeller im August werden Führungen durch den Weinkeller angeboten.

Der Hausberg des Weingutes ist der Bad Sulzaer Sonnenberg. Er ist der größte Weinberg des Weingutes und liegt an den Hängen der Ilm, die hier eine Steigung von bis zu 30 Prozent haben. Unweit des Weinberges mündet die Ilm in die Saale. Auf dem für die Region typischen Muschelkalkverwitterungsboden wird eine große Rebenvielfalt angebaut, zum Beispiel die Klassiker Grau- und Weißburgunder oder Müller-Thurgau, aber auch Spezialsorten, wie Traminer oder Grüner Veltliner. Sogar Rotweine wie der Frühburgunder gedeihen hier prächtig. Ein Spaziergang zum Sonnenberg, vielleicht mit einer Flasche Wein im Gepäck, lohnt sich sehr, denn von hier aus hat man einen fantastischen Ausblick über die Landschaft. Zwischendurch kann man auf den Bänken im Weinberg eine Rast einlegen. Was gibt es Schöneres, als nach einer kurzen Ruhepause mit einem Gläschen Wein in der Hand durch die Reben zu schlendern. Weitere Anbaugebiete des Weingutes sind der Auerstedter Tamsel, ebenfalls in Bad Sulza, der Jenaer Grafenberg in Kunitz und der idyllisch unterhalb der Dornburger Schlösser gelegene Schlossberg.

● Thüringer Weingut Bad Sulza, Dorfstraße 17, 99518 Bad Sulza OT Sonnendorf, Tel. (03 64 61) 2 06 00, thueringer-wein.de
● ÖPNV: Haltestelle Sonnendorf

THÜRINGER
WEINGUT
BAD SULZA

Fürstliches Vermächtnis

27 Schlosskirche in Eisenberg

Aufgrund von Erbteilung gründete sich 1675 unter Herzog Christian von Sachsen-Eisenberg das gleichnamige Herzogtum. Zu seiner Residenzstadt wählte er Eisenberg. Auch wenn das Herzogtum mit dem Tod Christians bereits 1707 erlosch, reichen seine Spuren bis in die heutige Zeit. Während seiner Regierungszeit ließ er das barocke Schloss Christiansburg mit der angegliederten Schlosskirche St. Trinitatis auf den Grundmauern einer ehemaligen Burg aus dem 12. Jahrhundert erbauen. Heute residiert das Landratsamt im Schloss, die Kirche im Ostflügel ist für Besucher zugänglich. Von außen sieht man dem Bau mit dem Achteckturm nicht an, dass sich in seinem Inneren ein Juwel versteckt. Die Kirche wird nicht zu Unrecht als prunkvollste Barockkirche Thüringens bezeichnet. Der Anblick der kunstvollen Stuckaturen ist überwältigend. Der gesamte Innenraum einschließlich der Kanzel und der Galerien wurde von italienischen Stuckateuren üppig verziert. Selbst die Wendeltreppe hinauf zu den Emporen ist reich geschmückt. Man weiß gar nicht, wo man zuerst hinschauen soll. Am besten nimmt man erst einmal Platz und lässt den Innenraum auf sich wirken. Blickt man nach oben in den Kirchenraum, lassen einen die Deckengemälde staunen. Ein weiteres Glanzstück der Kirche ist die berühmte zweigeschossige Donat-Trost-Orgel, die zu zahlreichen Konzerten erklingt.

TIPP
Sehenswert ist der nahe gelegene Marktplatz mit seinen Renaissancebauten und dem Stadtmuseum.

An das Schloss und die Kirche schließt sich ein idyllischer Park an. Besonders sehenswert ist der etwa 300 Jahre alte Bogengarten. Hier wandelt man unter gebogenen Bäumen eine Allee entlang. Und immer wieder laden Bänke zum Verweilen ein. Ein idealer Ort, um jegliche Hektik hinter sich zu lassen. Vom Rand des Bogengartens hat man einen wundervollen Blick hinüber zur Kirche. Leicht unterhalb des eigentlichen Parks gelegen, schließt sich der Kräutergarten mit einem kleinen Pavillon an. Rund um das kleine Lusthäuschen wachsen circa 50 verschiedene Kräuter, Heil- und Gewürzpflanzen. Was für ein Duft!

- Schlosskirche Eisenberg, Schloss 1, 07607 Eisenberg
- ÖPNV: Haltestelle Markt

Die Spur des Bären

28 Der Bärentatzenweg durch Droyßig

In Droyßig geleiten 70 ins Pflaster eingelassene gusseiserne Bärentatzen die Besucher durch die Stadt. Sie weisen den Weg zu touristischen Highlights des Ortes. An allen zwölf Stationen gibt es kurze Erklärungen zur Historie und über einen QR-Code lässt sich ein Audioguide abrufen. Schülerinnen und Schüler des örtlichen Gymnasiums vermitteln in kurzweiligen Beiträgen Wissenswertes über die einzelnen Orte. Der Weg ist zwar als Rundtour angelegt, aber der offizielle Ausgangspunkt ist der ehemalige Bahnhof. Dort befindet sich ein Plan, der alle Anlaufpunkte aufführt. Bis 1999 war der Bahnhof von Droyßig in Betrieb, heute beherbergt er Ferienwohnungen.

Erste Station ist die beeindruckende Villa Hierschel, eines der schönsten Häuser der Stadt. Bergan geht es weiter zum Schloss. Eingebunden in eine kleine Parkanlage, bildet es das Zentrum von Droyßig. Das Schloss wurde Anfang des 17. Jahrhunderts auf den Resten einer Burg erbaut. Sein heutiges neobarockes Aussehen erhielt es im 19. Jahrhundert. Sehenswert ist die dem Schloss angegliederte Schlosskirche. Auch die in unmittelbarer Nähe zum Schloss befindlichen „Droyßiger Anstalten" haben den Ort geprägt. Die Ausbildungsstätte für junge Lehrerinnen wurde 1852 von den Fürsten von Schönburg-Waldenburg erbaut. Es war die erste ihrer Art, bis dato war der Lehrberuf eine reine Männerdomäne.

TIPP

Idealer Ausgangspunkt für Wanderungen in den nahen Droyßiger Forst.

Die nächste Bärentatze führt zur St.-Bartholomäus-Kirche und zum Tempelhof in ihrer unmittelbaren Nähe und damit zu einem der idyllischsten Plätze in Droyßig. Aber natürlich erfährt man auch, woher der Bärentatzenweg seinen Namen hat. Droyßig blickt auf eine lange Bärentradition zurück. 1870 ließ Hugo von Schönburg-Waldenburg einen Teil des Wallgrabens abtrennen und zu einem Bärenzwinger umbauen. Die Bären passten gut in das Konzept des Ortes, in dem man sich schon früh auf Nahtouristik einstellte. Anfang der 2000er-Jahre wurde das Gehege erheblich erweitert und modernisiert, heute tollen hier die Bärenbrüder Aiko und Toni herum.

● Bärentatzenweg, Ausgangs- und Endpunkt am ehemaligen Bahnhof Droyßig, Bahnhofsweg 8, 06722 Droyßig
● ÖPNV: Haltestelle Markt

Burgenromantik

29 Die Rudelsburg und Burg Saaleck bei Bad Kösen

Die sagenumwobenen Ruinen der Rudelsburg und der Burg Saaleck stehen trutzig oberhalb der Saale in der Nähe von Bad Kösen. Sie prägen mit ihren charakteristischen Türmen das Landschaftsbild und versprühen eine große Portion Ritterromantik. Beide Burgen stehen nur wenige Hundert Meter voneinander entfernt, sie wurden im 12. Jahrhundert an den steil abfallenden Felsrücken am Ufer der Saale erbaut. Nach einer wechselvollen Geschichte endeten beide im 16. Jahrhundert als Ruinen und verfielen. Neues Leben zog im frühen 19. Jahrhundert ein. Der aufkommende Wandertourismus und die Burgenromantik entdeckten sie als Ausflugsziel wieder. Die Rudelsburg galt zu jener Zeit als schönste aller Saaleburgen. Auch heute haben die Ruinen nichts von ihrer Faszination verloren. Es ist nur zu gut nachvollziehbar, dass sie Franz Kugler 1826 zu den folgenden Liedzeilen inspirierten: „An der Saale hellem Strande stehen Burgen stolz und kühn. Ihre Dächer sind gefallen und der Wind streicht durch die Hallen, Wolken ziehen drüber hin."

TIPP

In Saaleck steht nahe der Saalebrücke ein Fotorahmen für Aufnahmen von der Rudelsburg.

Heute beherbergt die Burg Saaleck ein Museum und in der Rudelsburg kann man im Burgrestaurant in den historischen Räumen fürstlich speisen oder im lauschigen Innenhof eine Rast einlegen. In beiden Burgen empfiehlt sich die Besteigung des Bergfrieds. Von oben genießt man einen wunderbaren Ausblick in das malerische Saaletal. Viele Wege führen zu den beiden Burgen. Zwischen Bad Kösen und Rudelsburg verkehrt von April bis Oktober ein Motorboot. Vom Wasser aus bietet sich eine besonders reizvolle Perspektive auf die beiden Burgen. Nach der Burgbesteigung geht es entweder per Boot zurück oder man wandert weiter bis zum Gradierwerk in Bad Kösen. Der Weg führt oberhalb der Saale entlang und bietet immer wieder fantastische Blicke ins Tal und in die Umgebung. Nur einen Kilometer von der Rudelsburg entfernt liegt der kleine Ort Kreipitzsch. Im dortigen Rittergut kann man mit Aussicht auf die Rudelsburg einkehren und auch übernachten.

● Rudelsburg (Am Burgberg 33) und Burg Saaleck (Burgstraße 32), 06628 Naumburg OT Bad Kösen, burg-saaleck.info, rudelsburg.info
● ÖPNV: Haltestelle Saaleck

Im Weinhotel

30

Hotel Freylich Zahn in Freyburg

Mitten in Freyburg befindet sich in einem alten Getreidespeicher das Hotel Freylich Zahn. Schon von Weitem fällt der hohe Backsteinbau ins Auge. 2019 zog neues Leben in den ehemaligen Speicher. Nach der Sanierung ist ein wahres Schmuckstück entstanden. Schon im Eingangsbereich fällt auf, dass die Einrichtung mit viel Liebe zum Detail ausgewählt wurde. Sehr viel Holz und perfekt abgestimmte Farben fügen sich zu einem harmonischen Gesamtbild. Hier fühlt man sich sofort wohl und willkommen. Die Mischung aus Retro-Stil und Industrial Chic passt hervorragend zum Industriecharme des alten Gemäuers. In den gemütlichen und modern eingerichteten Zimmern lässt es sich erholsam übernachten.

Dass die Inhaber aus einer Weinbaufamilie stammen, merkt man dem Hotel an. Auf der Karte findet man alle Weine der Winzer, die sich unter dem Namen Breitengrad 51 zusammengeschlossen haben. Die Winzer dieser Vereinigung liegen eben genau dort – 51° nördlicher Breite. Das Außergewöhnlichste ist aber die hoteleigene Weinzapfanlage. Rund um die Uhr können sich die Hotelgäste einen Probeschluck oder ein Glas Wein abfüllen. Abgerechnet wird unkompliziert über die Zimmerkarte. Ein wunderbares Angebot für den weininteressierten Gast. An das Hotel angeschlossen ist die 51° Eatbar. Das Restaurant im stilvoll eingerichteten Gewölbekeller begeistert mit kreativen Speisen, deren Zutaten perfekt aufeinander abgestimmt sind. Und natürlich gibt es zu jedem Gericht die passende Weinempfehlung. Hotel und Restaurant sind herrlich unaufgeregt. Entspannt kann man von hier aus zu den Ausflügen in die Region aufbrechen. Vielleicht ja auch zum Stammhaus, dem Weingut Zahn im circa 20 Kilometer entfernten Kaatschen, einem Ortsteil von Großheringen. Die Einkehr ins Restaurant des Gutes direkt am Ufer der Saale ist sehr zu empfehlen. Übrigens, der Hotelname ist ein Wortspiel aus freilich und Freyburg – denn wo geht's hin, wenn man in Freyburg ist: freilich zu Zahn.

TIPP

Direkt gegenüber befinden sich die Friedrich-Ludwig-Jahn-Ehrenhalle sowie dessen Turnhalle aus dem Jahr 1894.

● Hotel Freylich Zahn, Schützenstraße 9, 06632 Freyburg, Tel. (03 44 64) 35 93 90
freylich-zahn.de
● ÖPNV: Haltestelle Kirchstraße

WEINHOTEL
FREY
LICH
ZAHN

Die Orgel in der Krypta

31

Das Orgelbaumuseum in Klosterhäseler

Ein kleines Schild mit der Aufschrift „Krypta im Schloss“ weist den Weg zu einem ganz besonderen Museum – dem Orgelbaumuseum Klosterhäseler. Der kleine Ort war Sitz des Ministerialgeschlechts von Heßler, das ihm Mitte des 13. Jahrhunderts ein Zisterzienserinnenkloster stiftete. Im Zuge der Reformation fiel das Kloster zurück an die Familie. Das Gebäude wurde zum Schloss Klosterhäseler umgebaut, 1766/67 wurde die baufällige Klosterkirche durch einen Neubau ersetzt, der durch seine schlichte klassizistische Innenarchitektur begeistert. Vom Kloster aus den Anfangsjahren des 14. Jahrhunderts ist nur noch die Krypta unter der ehemaligen Nonnenempore erhalten.

Nachdem der Raum als landwirtschaftlicher Lagerraum und später für Weinverkostungen genutzt wurde, erfährt er heute eine sehr würdige Nutzung. Hier und in den angrenzenden Räumen befindet sich das Orgelbaumuseum von Klosterhäseler. Eine ständige Ausstellung dokumentiert die Geschichte der ortsansässigen Orgelbaufamilie Heerwagen, deren Werkstatt von 1855 bis 1935 bestand. Heerwagen-Orgeln finden sich in zahlreichen Kirchen der Umgebung, so zum Beispiel in der Stiftskirche St. Maria Magdalena in Bad Bibra und natürlich auch in der Dorfkirche von Klosterhäseler direkt neben dem Schloss. In der Krypta befindet sich eine komplett bespielbare mechanische Schleifladenorgel mit drei Registern und einem Zimbelstern. Da sie hier ohne Gehäuse steht, kann man ihre Funktionsweise wunderbar nachvollziehen. Es ist schon ein ganz besonderes Erlebnis, denn wann ist man einer Orgel so nahe? Anhand von Schautafeln, Modellen, verschiedenen Werkzeugen und Materialien des Orgelbaus wird die Herstellung des komplexen Instruments anschaulich dargestellt. Viel Wissenswertes über den Orgelbau erfährt man nach Voranmeldung bei einer Museumsführung. Wenn dann die Orgeln in der Krypta und in der Kirche erklingen, ist ein Gänsehautmoment garantiert.

TIPP

Den Besuch kann man mit einer Weinprobe im Weingut Carl-Friedrich L. Walther im Schloss verbinden.

- Orgelbaumuseum Klosterhäseler, Naumburger Straße 29, 06647 An der Poststraße OT Klosterhäseler orgelbaumuseum-klosterhaeseler.jimdosite.com
- ÖPNV: Haltestelle Klosterhäseler, Kindergarten

Wer hat's erfunden?

32 Der Naumburger Stollen der Konditorei Block

Wer an weihnachtlichen Stollen denkt, hat sicher spontan Dresden vor dem geistigen Auge. Aber bereits rund 150 Jahre vor den Dresdnern wusste man in Naumburg einen Stollen zu backen. Während die Ersterwähnung des Dresdner Stollens auf das Jahr 1474 datiert wird, findet sich ein Hinweis auf den Naumburger Stollen schon 1329 in einem von Bischof Heinrich I. von Grünberg ausgestellten Innungsprivileg der Naumburger Bäcker. Sie wurden darin verpflichtet, jährlich zwei Stollen für das katholische Adventsfasten zu entrichten. Ein Rezept ist allerdings nicht überliefert. Man kann jedoch davon ausgehen, dass es sich um eine eher reichhaltige Rezeptur handelte. Allerdings fand Butter damals noch keine Verwendung. Diese kam erst ab 1491 hinzu. Davor wurde der Stollen mit Rapsöl gebacken, das allerdings noch nicht so fein war wie das heutige und Bitterstoffe enthielt. Nach Beschwerden des Kurfürsten Ernst von Sachsen und seinem Bruder Albrecht soll der Papst die Verwendung von Butter und Milch im sogenannten Butterbrief erlaubt haben.

TIPP

Jedes Jahr am ersten Adventswochenende erstrahlt Naumburg bei „Weihnachtliches in den Höfen".

Auch heute noch kann man den Stollen in Naumburg kaufen. Produziert wird er bei der alteingesessenen Bäckerei Block nach einem Rezept, das 2012 in Zusammenarbeit mit dem Naumburger Dom und dem Bürgerverein der Stadt überarbeitet wurde. Weißes Dinkelmehl kommt als Grundsubstanz in den Stollen. Es entspricht den damaligen Back- und Essgewohnheiten. Hinzu kommen Butter, Zucker, Orangeat und Zitronat. Neben der Verwendung des Dinkelmehls sind Kirschen eine Besonderheit des Naumburger Stollens. Die getrockneten Süßkirschen werden vor dem Backen in Kirschwasser eingelegt, sie sind eine Reminiszenz an das jährlich stattfindende Kirschfest. Gebacken wird das traditionelle Weihnachtsgebäck zwischen September und Dezember und wer in dieser Zeit nicht in Naumburg ist, kann sich den Stollen freilich auch schicken lassen. Das ganze Jahr über gibt es in der Konditorei Block leckeren Kuchen, kleine Törtchen und natürlich das klassische Sauerteigbrot.

● Konditorei Block, Markt 1 (Eingang über Herrenstraße gegenüber dem Stadtmuseum Hohe Lilie), 06618 Naumburg, Tel. (0 34 45) 2 34 60 80
konditorei-block.de
● ÖPNV: Haltestelle Markt

Original
Naumburger Stollen
Ein Genuss.
Seit 1329.
Mit Kirschwasser und getrockneten Kirschen.
Original
Naumburger Stollen
Ein Genuss.
Seit 1329.
Mit Kirschwasser und getrockneten Kirschen.

Ein Gartentraum

33

Der Schlossgarten in Merseburg

Der Schlossgarten von Merseburg ist eine besonders idyllische Parkanlage. Sie schließt nördlich an den Schloss- und Domkomplex an. Mitte des 17. Jahrhunderts wurde der ehemalige Gemüsegarten zu einem imposanten Lustgarten umgestaltet. Rund 100 Jahre später ließ Herzog Moritz-Wilhelm von Sachsen-Merseburg einen Schlossgartensalon mit Festsaal erbauen, den zwei Orangeriegebäude flankierten. Heute ist nur noch eine der beiden Orangerien erhalten. Sie wurde als Theatersaal und für Gartenfeste benutzt. Aber der Salon war auch lange Zeit Tagungsstätte. 1816 wurde Merseburg Hauptstadt des gleichnamigen Regierungsbezirkes der preußischen Provinz Sachsen. Als der Provinzialstädtetag einen Versammlungsort suchte, entschied man sich 1825 für den Schlossgartensalon.

TIPP

Eine Markierung auf dem Weg weist auf den 12. Meridian hin, der durch den Schlossgarten verläuft.

Friedrich Schinkel stellte bei einem Besuch 1830 gravierende Baumängel fest; er schlug vor, ihn abzureißen. Friedrich Wilhelm III. soll sich persönlich für dessen Erhalt und Instandsetzung eingesetzt haben. Seit dem Umzug des Provinzialstädtetages in das 1895 errichtete Ständehaus in unmittelbarer Nähe zum Gartenareal stand der Salon den Merseburger Bürgern zur Verfügung. Von nun an fanden und finden im Schlossgartensalon zahlreiche Veranstaltungen statt. Salon mit Säulenarkade und angrenzender Orangerie verleihen dem kleinen Park ein mediterranes Flair. Verstärkt wird dieser Eindruck, wenn die Rosenstöcke vorm Haus in voller Blüte stehen. Der oberhalb der Saale liegende Park mit seiner alten Kastanienallee ist das grüne Herz von Merseburg. Die beeindruckende Allee stammt noch aus der Zeit der Umgestaltung durch Peter Joseph Lenné. Der kleine Park ist ein Ort der Entspannung und Erholung und begeistert die Besucher mit seinen vielfältigen Blickachsen: zur einen Seite der Salon, zur gegenüberliegenden Seite Dom und Schloss, an der Westachse das eindrucksvolle Ständehaus. Auf der östlichen Seite sollte man auf keinen Fall den Blick hinab zur Saale und zum Wehr verpassen.

- Schlossgartensalon, Mühlberg 1 a, 06217 Merseburg
- ÖPNV: Haltestelle Schlossgarten oder Hälterstraße

Musikalische Schatztruhe

34 Das Heinrich-Schütz-Haus in Weißenfels

Heinrich Schütz gilt als einer der bedeutendsten deutschen Komponisten des 17. Jahrhunderts. Seinen Lebensabend verbrachte er in der Stadt, in der auch seine musikalische Karriere begann. Schütz wurde 1585 in Bad Köstritz geboren. Als er 5 Jahre alt war, zogen seine Eltern nach Weißenfels und übernahmen den Gasthof „Goldener Ring". Man zählte ihn zu den besten Herbergen der Stadt, auch Landgraf Moritz von Hessen-Kassel übernachtete hier während einer Reise. Wo er sich aufhielt, ließ der musikbegeisterte Graf sich gern etwas vorspielen, die besten Musiker lud er dann häufig nach Kassel ein.

In Weißenfels sang der 13-jährige Heinrich ein Lied, das den Grafen so begeisterte, dass er ihm erst einen Platz an der Hofschule anbot und ihm später ein Studium in Italien ermöglichte. Schütz schuf über 500 Werke, er war Hofkapellmeister in Dresden, seine Reisen führten ihn an viele Höfe. 1651 erwarb Schütz in Weißenfels das 1552 erbaute Renaissancehaus mit den markanten Giebeln. Hier lebte er zusammen mit seiner verwitweten Schwester bis zu seinem Tod. Heute befindet sich im Haus eine interaktive Ausstellung, die die Besucher auf drei Etagen in das Leben und Schaffen des Komponisten eintauchen lässt. Auf mehreren Schütz-Sofas sitzend, kann man in fiktiven Hörspielen den Erzählungen des alten Heinrich Schütz lauschen, der sich an wichtige Stationen seines Lebens erinnert. Durch das gesamte Haus strömt Musik. In der original wiederhergestellten Komponierstube schuf Schütz sein Alterswerk, zahlreiche Instrumente versetzen den Besucher in das 17. Jahrhundert. An Klangstationen kann man die Entstehung seiner Musik erleben und die Komponierweise von Schütz nachvollziehen. Am musikalischen Notenschrank lernt man durch Öffnen der einzelnen Schubladen den Aufbau eines Musikstückes kennen. Sind alle Schubladen aufgezogen, kann man das fertige Werk hören. Das klingende Notenpult lädt zum Mitsingen ein. Ohne Frage ist das Schütz-Haus ein in vieler Hinsicht besonders inspirierendes Museum.

TIPP

Zahlreiche musikalische Veranstaltungen ergänzen das Museumsangebot.

- Heinrich-Schütz-Haus Weißenfels, Nikolaistraße 13, 06667 Weißenfels, Tel. (0 34 43) 30 28 35, schuetzhaus-weissenfels.de
- ÖPNV: Haltestelle Saalstraße

HEINRICH SCHÜTZ HAUS

Neues Leben im Kloster

35 Kloster Posa in Zeitz

Auf einem kleinen Hügel etwas außerhalb der Stadt Zeitz befindet sich das ehemalige Kloster Posa. Man erreicht es über einen kleinen Schotterweg, eingefasst von zahlreichen Obstbäumen und Weinreben. Die Geschichte des Klosters reicht bis ins Jahr 1114 zurück. Es wurde auf den Mauern einer alten slawischen Burg errichtet. Schon damals war das Kloster ein Ort der Künste. Bekannt wurde es durch sein Skriptorium und eine beachtliche Bibliothek. Teile von ihr befinden sich heute in Schulpforta.

Im Zuge der Reformation wurde das Kloster säkularisiert. Einige Mönche verblieben und kümmerten sich um den Weinbau, der hier bis ins 18. Jahrhundert belegt ist. Im Kloster wurde hauptsächlich Landwirtschaft betrieben. Als man im 17. Jahrhundert zahlreiche Gebäude abtrug, wurden deren Steine im Zeitzer Schloss verbaut. Mit der Zeit entstanden auf dem Gelände neue Wirtschaftsgebäude. Auch wenn vom eigentlichen Kloster nicht viel erhalten ist, entstand in den letzten Jahren dank des Vereins Kultur- und Bildungsstätte Kloster Posa e. V. ein kreativer Ort. Zwischen den mittelalterlichen Mauern, neuen Gebäuden, dem prägnanten Taubenturm in der Mitte des Areals und dem naturnahen Klostergarten hat sich ein Ort der Kunst und Kultur etabliert. Es ist schön zu sehen, dass das alte Kloster auf diese Weise eine so lebendige Fortschreibung der Geschichte erfährt. Mehrere Familien vereinen hier Leben und Arbeit. Vom Künstleratelier über eine Siebdruckwerkstatt und einer Holzwerkstatt für Messe- und Filmkulissenbau bis hin zu einer Schmuckwerkstatt haben unterschiedliche Kreative ihren Platz gefunden. Auch Wein wird wieder angebaut, ganz in der Tradition der alten Mönche. Regelmäßig finden auf dem Gelände Veranstaltungen statt. Unter anderem ziehen Kunsttage, Konzerte, Workshops und der Weinausschank zahlreiche Interessierte an. Außerdem bietet der Verein regelmäßig Führungen über das Gelände mit Einblicken in die Geschichte des Klosters an.

TIPP

Zwischen Weinreben und Kirschbaum kann man in einer mongolischen Jurte übernachten.

- Kultur- und Bildungsstätte Kloster Posa e. V., Kloster Posa 2, 06712 Zeitz
  kloster-posa.de
- ÖPNV: Haltestelle Tröglitzer Straße (ca. 10 Minuten Fußweg)

Kein Grund zum Meckern

36

Der Ziegenhof Schleckweda

Direkt an der Weißen Elster mit Blick auf die hügelige Landschaft des Droyßiger Forstes liegt das kleine Örtchen Schleckweda, dessen Name unwillkürlich Schmunzeln lässt. An diesem idyllischen Fleckchen befindet sich ein Vierseitenhof aus dem 18. Jahrhundert. 2001 sind Igor und Astrid Blume mit ihrer Tochter hierhergezogen und übernahmen den Ziegenhof. Seitdem ist hier viel geschehen, das Anwesen wurde behutsam saniert und die Käserei ausgebaut. Heute genießen circa 80 Ziegen ihr Leben von Frühjahr bis Herbst auf den grünen Wiesen des Elstertals und im Winter in einem Tieflaufstall.

In der Käserei werden knapp 20 verschiedene Sorten hergestellt, alle aus reiner Ziegenmilch. Darunter sind zum Beispiel so schön klingende Käse wie der Ziegenpeter, Goldbarren und Blauer Reiter. Das Angebot reicht von verschiedenen Frischkäsesorten über Weichkäse mit Camembert- oder Roquefortkulturen bis hin zu unterschiedlichen Schnittkäsesorten. Der Schnittkäse reift vor Ort in den Natursteingewölbekellern. Hier wird dem Käse genug Zeit gegeben, damit er sein Aroma in aller Ruhe entfalten kann. Aus diesem reichhaltigen Käsesortiment kann man im Hofladen wählen. Der Laden hat immer freitags geöffnet.

TIPP

Schleckweda liegt direkt am Elsterradweg.

Wer ein paar ruhige Urlaubstage im idyllischen Elstertal verbringen möchte, kann in der Ferienwohnung auf dem Hof logieren. Was gibt es Schöneres, als nach einer langen Wanderung oder Radtour auf den Hof zu kommen und unter der großen Linde noch ein Glas Wein und leckeren Ziegenkäse zu genießen. An ausgewählten Terminen, wie zum Beispiel dem An- und Abradeln an der Weinroute Weiße Elster öffnet das hofeigene Café Capra seine Türen. Im Gewölbekeller des Cafés finden immer wieder Kulturabende statt, die den Weg nach Schleckweda lohnen. Das Ziegenhoffest im Juli ist jedes Jahr ein besonderes Highlight.

- Ziegenhof Schleckweda, Elsterweg 4, 06722 Wetterzeube OT Schleckweda, Tel. (03 66 93) 2 27 47, ziegenhof-schleckweda.de
- ÖPNV: Bahnhof Wetterzeube (ca. 20 Minuten Fußweg)

Ziegenhof

In alten Mauern

37 Museum Schloss Neuenburg in Freyburg

Die Neuenburg in Freyburg wurde um 1090 als Schwesterburg zur Wartburg von Ludwig dem Springer gegründet. Beide schützten unter den Ludowingern die Grenzen der Landgrafschaft Thüringen: die Wartburg nach Westen, die Neuenburg jene nach Osten. Schon von Weitem sieht man die Neuenburg, die hoch über einem Felsen thront. Dann werden die Ausmaße ihrer Größe erst richtig deutlich. Von zahlreichen Stellen bieten sich schöne Blicke auf die Burg. Einen der schönsten hat man kurz vor Freyburg. Auf der B 180 kurz vor Nißmitz gibt es auf der Straße eine kleine Einbuchtung, die zum Anhalten einlädt. Vielleicht entstand sie ja genau für diesen Zweck. Auf jeden Fall ist die Einbuchtung ideal für einen kleinen Fotostopp. Anschließend geht es weiter zur Burg.

TIPP

Im historischen Wirtschaftshof lohnt die Edelbrennerei einen Besuch.

Der prachtvolle Bau ist in die Kernburg und die Vorburg unterteilt. Im Bereich der Vorburg befindet sich heute noch der letzte von ehemals drei Türmen. Der liebevoll „Dicker Wilhelm" genannte Turm ist heute ein Aussichtsturm. Trotz der vielen Umbauten, die die Neuenburg erlebt hat, ist ihre wertvolle Doppelkapelle bis heute erhalten geblieben. Sie gilt als ein Kleinod der Romanik. Die um 1175 entstandene Kapelle besteht aus zwei Kirchenräumen, die übereinanderliegen und durch eine Öffnung miteinander verbunden sind. Das einfach gehaltene Untergeschoss diente als Gottesdienstraum für die Burgmannschaft, das prachtvoll verzierte Obergeschoss war der fürstlichen Familie vorbehalten. Die Kapelle ist zentraler Punkt der Ausstellung zum Thema Burg und Herrschaft. Die „Kinderkemenate" ist das Reich der kleinen Gäste. Eine weitere Ausstellung in den Räumen der Neuenburg widmet sich der Weinkultur in der Mitte Deutschlands. Man kann hier auf eine Zeitreise ganz besonderer Art gehen. In der Ausstellung „Wunder-Werk-Taschen-Uhr" werden über 100 historische Uhren aus vier Jahrhunderten präsentiert. Jede von ihnen ist ein kleines Meisterwerk. Nach dem Museumsbesuch empfiehlt sich die Einkehr in die historischen Gasträume der Burgwirtschaft.

- Museum Schloss Neuenburg, Schloß 1, 06632 Freyburg
  schloss-neuenburg.de
- ÖPNV: Haltestelle Edelacker

Bauhaus in der Provinz

38 Bauhaus-Werkstatt-Museum Dornburg

Dass das Bauhaus mehr als Architektur ist, erfährt man im idyllischen Dornburg. Hier erhält der Besucher völlig unvermutet einen einzigartigen Blick auf die Keramikproduktion am Bauhaus. Im historischen Marstall der Dornburger Schlösser befindet sich die einzige noch am Originalort erhaltene Werkstatt des damaligen Weimarer Bauhauses. Das Besondere ist, dass die Töpferei damals die einzige externe Werkstatt war. Walter Gropius eröffnete sie 1920. Grund für diese Ausgliederung war der Keramiker Max Krehan. Er unterhielt hier eine traditionsreiche, bereits über 100 Jahre bestehende Werkstatt und war bereit, die handwerkliche Ausbildung zu leiten. Später wurde die Keramikausbildung vom Bauhäusler Otto Lindig und ab 1949 von der Familie Körting weitergeführt.

TIPP
Im Keramik-Museum im nahe gelegenen Bürgel kann man noch tiefer in die Geschichte der Keramik eintauchen.

Das in den ehemaligen Werkstatträumen eingerichtete Museum ist ein einzigartiger Ort. Man meint, den Ton quasi noch riechen zu können und es sieht so aus, als wären die letzten Studenten gerade nach Hause gegangen. Da die Keramikwerkstatt über viele Jahre kontinuierlich weitergeführt wurde, sind die wichtigsten typischen Arbeitsgeräte und Werkstoffe erhalten geblieben: die originale Drehscheibe, an der schon Otto Lindig saß, genauso wie die Glasurmühlen oder eine Tonaufbereitungsanlage. Das Museum bietet in einer überaus gelungenen Präsentation einen Blick auf die Geschichte der Töpferei, wichtige Lehrer und Keramiker und deren Werke. Der Besucher blickt durch die Werkstattperspektive auf die Keramikproduktion am Bauhaus. Das verleiht dem Museum eine große Authentizität und seine besondere Atmosphäre. Das Experimentieren mit dem Material, das beständige Arbeiten und Tüfteln am Produkt wird hier spannend präsentiert. Im Gebäude ist immer noch die traditionsreiche Töpfereiwerkstatt Ulrich Körting integriert. Neben seinen eigenen Werken fertigt er die von seinen Eltern Heiner-Hans und Lisa Körting entworfenen Tierskulpturen, die teilweise auch zum Kauf angeboten werden. Besonders den Eulen mit Drehkopf kann niemand widerstehen.

● Bauhaus-Werkstatt-Museum, Max-Krehan-Straße 1, 07774 Dornburg-Camburg, bauhaus-keramik.de
● ÖPNV: Haltestelle Dornburg

Weinberg mit Ausblick

39 Schönste Weinsicht in Höhnstedt

Die Weinberge rund um Höhnstedt liegen zwar schon im Mansfelder Land, gehören aber noch zum Saale-Unstrut-Gebiet. Hier befindet sich eine der schönsten Weinsichten. Seit 2012 kürt das Deutsche Weininstitut besonders spektakuläre Blicke in den 13 deutschen Weinanbaugebieten. Dazu zählen Aussichten über Flusstäler, hin zu Burgen oder besonderen Sehenswürdigkeiten oder wie in Höhnstedt auf idyllische Seen. 2016 gewann der malerische Blick vom Höhnstedter Kreisberg den Titel für die Saale-Unstrut-Region. Man schaut hinab auf den kleinen Ort Rollsdorf, auf die terrassenartigen Weinberge bis hinunter zum Bindersee und zu einem Teil des Süßen Sees.

Der Aussichtspunkt in Höhnstedt kann bequem zu Fuß, mit dem Rad oder per Auto erreicht werden. Die „Schönsten Weinsichten“ werden mit einer 3 Meter hohen Stele des Mainzer Künstlers Ulrich Schreiber gekennzeichnet und sind so von Weitem sichtbar. Eine stilisierte Weintraube eröffnet durch die einzelnen Beeren interessante Blicke in die weite Landschaft. Der Kreisberg befindet sich innerhalb der Großlage Höhnstedter Kelterberg und wurde in den 1920er-Jahren als Musterweinberg angelegt, um die Winzer vor Ort mit den neuen aufgepfropften Reben vertraut zu machen. Zu diesem Zweck kaufte der Mansfelder Seenkreis das Gebiet, das seit dieser Zeit den Namen Kreisberg trägt. Die Bezeichnung Kelterberg stammt von der gleichnamigen Presse, die die Beeren vom Most befreit. Bis 1860 stand zu Füßen des Berges ein kleines Häuschen mit einer Kelterpresse, die von den Höhnstedter Winzern gemeinschaftlich genutzt wurde. Bald sprachen die Winzer nur noch von ihrem Kelterberg. Mit dem zwischenzeitlichen Niedergang des Weinanbaus verschwand das Kelterhäuschen, aber der Name des Berges blieb. Heute steht er für die wieder aufgeblühte Weinbautradition in der Mansfelder Region. Unter anderem hat hier das Höhnstedter Weingut Born Wein, das schon in fünfter Generation Wein anbaut, seine Rebfläche. Die Vinothek des Weinguts befindet sich direkt in Höhnstedt.

TIPP

Ganz in der Nähe befindet sich eine geschnitzte Bank, von der aus sich der Kelterbergblick genießen lässt.

● Schönste Weinsicht Höhnstedter Kreisberg, von Höhnstedt kommend die Verlängerung der Straße Zum Kelterberg zur L 2080 (Ausschilderung vorhanden), 06198 Höhnstedt

SCHÖNSTE WEINSICHT
2016
Saale-Unstrut

Idylle im Dreiseitenhof

40 Hofmanns Hofcafé in Kriechau

Mitten durch die kleine Ortschaft Kriechau, die nach der Eingemeindung zu Weißenfels gehört, führt der Saaleradweg. Das prägnanteste Bauwerk des Ortes ist die schon von Weitem sichtbare Dorfkirche. 1883 wurde der neugotische Bau mit dem schlanken hohen Turm eingeweiht. Aufgrund seiner Lage fungiert er heute als Radfahrerkirche. Ein Besuch lohnt auf jeden Fall. Die kleine Kirche begeistert mit ihrer Holzdecke und einer Orgel, die vom berühmten Friedrich Ladegast erbaut wurde. Seine Orgelbauwerkstatt in Weißenfels war weit über die Grenzen der Stadt hinaus bekannt. Nur wenige 100 Meter von der Kirche entfernt, lädt Hofmanns Hofcafé zu einer entspannten Pause ein. Zahlreiche Fahrräder vor dem Hof und ein leuchtend blaues Schild mit dem schön gestalteten Logo des Cafés zeigen, dass man hier richtig ist. Das Tor zum Hof ist weit geöffnet und lädt zum Eintreten ein.

Im idyllischen Dreiseitenhof warten auf Radfahrer und alle anderen Ausflügler leckere Kuchen und herzhafte Kleinigkeiten. Sämtliche Kuchen und Torten sowie das Eis stammen aus eigener Herstellung. Damit setzt die Inhaberin Anett Hofmann eine Familientradition fort, denn schon ihr Großvater war gelernter Konditor. Die Entscheidung, welche Leckerei auf den Teller soll, fällt nicht leicht, da alles verführerisch aussieht. Stachelbeertorte mit Baiserhaube, Mohnkuchen oder Torten, für die das Obst aus dem Anbau direkt hinter dem Hof stammt, lachen den Gast an. Der liebevoll gestaltete Innenhof lädt zum Verweilen ein und an manchem sonnigen Wochenende kann man nur mit Glück einen Platz ergattern. Bei nicht ganz so gutem Wetter findet man im Innenbereich ein gemütliches Plätzchen. Im großelterlichen Hof hat Anett Hofmann eine wahre Oase geschaffen. Bei frisch gebrühtem Kaffee kann man die Seele baumeln und die Zeit genussvoll verstreichen lassen.

TIPP

Weingut Gaudig mit Straußwirtschaft und Hofladen in Kriechau laden zu einem Besuch ein.

- Hofmanns Hofcafé, Kriechauer Straße 37, 06688 Weißenfels OT Kriechau, Tel. (03 44 46) 33 66 88, hofmanns-hofcafe.de
- ÖPNV: Haltestelle Kriechau (Schkortleben)

Lange vor unserer Zeit

41 Das Sonnenobservatorium von Goseck

Zahlreiche Bauten im Saale-Unstrut-Gebiet blicken auf eine jahrhundertealte Vergangenheit zurück. Aber eine Entstehungsgeschichte, die 7000 Jahre zurückreicht, ist auch für diese Region etwas ganz Besonderes. Nahe des beschaulichen Ortes Goseck führt ein Feldweg zu einem ringwallartigen frühzeitlichen Sonnenobservatorium. Unzählige Holzpfähle bilden zwei Palisadenringe mit einem Durchmesser von etwa 70 Metern. Durch Aussparungen in den Palisadenwänden zeigten sich am Sonnenstand die damals wichtigen Daten im Jahreslauf: die Sommer- und Wintersonnenwende sowie das Frühlingsfest am 1. Mai. Ging die Sonne im Südosttor auf und im Südwesttor unter, wusste man, dass der Tag der Wintersonnenwende gekommen war.

Das Sonnenobservatorium gilt heute als die älteste Anlage zur gezielten Himmelsbeobachtung, immerhin entstand es 2000 Jahre vor Stonehenge. Vermutlich waren es Bauern, die in Gemeinschaftsarbeit den monumentalen Bau errichtet haben. Sie lebten schon sesshaft, hatten Häuser und Siedlungen und nun konnten sie den richtigen Zeitpunkt für die Getreideaussaat besser bestimmen. Gleichzeitig wurde der Ort als Versammlungsstätte genutzt, noch heute ist die Akustik einzigartig. Gebeinfunde zeugen außerdem von einer Nutzung als Grabstätte. Lange ahnte niemand etwas von diesem sensationellen Ort, bis er 1991 von Luftbildarchäologen entdeckt wurde. 10 Jahre später begann die Ausgrabung und Rekonstruktion des beeindruckenden Bodendenkmals. Das Informationszentrum im Schloss Goseck erzählt mit einer sehenswerten Präsentation vom Leben vor 7000 Jahren und zeigt, wie der Bau entstand und wie Sonne und Sterne beobachtet wurden. Außerdem zeichnet es die spektakuläre Wiederentdeckung noch einmal nach. Das Gelände des Observatoriums ist rund um die Uhr zugänglich. So kann man hier auch heute noch erleben, wie die Sonne auf- und untergeht. Wenn dann deren tief stehendes Licht auf die Palisaden aus Eichenholz fällt, verströmt der Ort eine besonders magische Stimmung.

TIPP

Ein Wanderweg führt direkt vom Schloss Goseck zum Sonnenobservatorium.

- Sonnenobservatorium, Pflaumenweg, 06667 Goseck
  himmelswege.de
- ÖPNV: Haltestelle Kochs Garten

Feinste Borsten

42

Bürstenmacherei Steinbrück

In der Steinstraße in Naumburg weist der Schriftzug „Kurt Steinbrück Pinsel- & Bürstenmacher" den Weg zu einem außergewöhnlichen Laden. In großen Vitrinen, die noch aus dessen Gründungszeit stammen und bis dicht unter die Decke reichen, liegen Bürsten in allen möglichen Größen und Formen, vom einfachen Feger über Kleiderbürsten bis hin zu Hutbürsten ist das Sortiment schier unendlich. Auch wenn das Ambiente ein wenig an ein Museum erinnert, ist hier traditionelle Handwerkskunst noch sehr lebendig. Mit über 80 Jahren steht Ursula Römer immer noch im Laden mit der kleinen angeschlossenen Werkstatt und fertigt verschiedenste Bürsten zum Verkauf.

Gegründet hat das Geschäft ihr Großvater Carl Steinbrück – nach seiner Lehre 1876 ging er zunächst mehrere Jahre auf die Walz und eröffnete dann 1885 in Naumburg das Geschäft. Von ihrem Vater Kurt schließlich erlernte auch Ursula Römer das Bürstenmachen und führt die Familientradition bis heute fort. Auch er stand fast bis zum letzten Lebenstag mit 99 Jahren noch täglich im Geschäft. Ihm will es Ursula Römer gleichtun, ans Aufhören denkt sie nicht. Warum auch? Manchmal scheint es, als käme die ganze Welt auf dem Weg zum berühmten Naumburger Dom an ihrem kleinen Laden vorbei. Gern schaut sie während der Arbeit auf die Steinstraße und beobachtet das bunte Treiben der Touristen, von denen viele hineinkommen und die Fertigkeit von Ursula Römer bestaunen. Das kleine Geschäft bietet nicht nur Platz für die Ware, im hinteren Teil des Raumes steht die Werkbank, an der sie Tag für Tag ihre handgemachten Produkte fertigt. Vater und Großvater schauen ihr dabei aus den Bilderrahmen über die Schulter. Und auch die Besucher des Ladens können ihr gern bei der Herstellung zusehen, denn wer weiß schon noch, wie eine Bürste von Hand entsteht. Während es um 1900 allein in Naumburg 17 Bürstenmacher gab, sind sie heute in ganz Deutschland rar geworden. Nur noch wenige beherrschen diese Kunst, die zum Glück in Naumburg bewahrt wird.

TIPP

Schräg gegenüber lädt das im skandinavischen Stil eingerichtete Café CURT zu einer Auszeit ein.

- Bürstenmacherei Steinbrück, Steinweg 29, 06618 Naumburg
  buerstensteinbrueck.de
- ÖPNV: Haltestelle Lindenring/Dom

pinsel
DANKE
HUTBÜRSTE
€ 13,50

Großes Kino

43

Die FilmBurg Querfurt

Aus welcher Himmelsrichtung man sich Querfurt auch nähert, die gleichnamige Burg erhebt sich weithin sichtbar als Wahrzeichen über der Stadt. Bereits in einem Zehntverzeichnis, das zwischen 881 und 899 entstanden ist, erstmalig erwähnt, ist sie nicht nur die älteste, sondern auch die größte Burganlage in Mitteldeutschland. Wer die Burg betritt, ist beeindruckt von ihrer Erscheinung. Gewaltige halbrunde Bastionen, massive Ringmauern und große Tore umschließen den weiten Hof mit seinen Wohnbauten, dem Speicher und drei imposanten, hoch aufragenden Türmen. Ein besonderer Blickfang im Burghof ist die Kirche. Ihr Ursprung geht auf das 12. Jahrhundert zurück. Der kreuzförmige Bau mit einem kleinen achteckigen Vierungsturm mutet fast südosteuropäisch an.

TIPP

Aus den Trauben des Weinbergs „St. Bruno" an der Burg entsteht der Wein „Edler von Querfurt".

Bis heute blieb die Burganlage außergewöhnlich gut erhalten. Im Machtgefüge Mitteldeutschlands spielten die Edelherren von Querfurt eine eher unbedeutende Rolle, vermutlich hat die Burg auch deshalb kaum Belagerungen erlebt und blieb somit von größeren Zerstörungen verschont. Sorgsam restauriert, ist sie ein richtiges Schmuckstück und es ist kein Wunder, dass sie in den letzten Jahren als „FilmBurg" in zahlreichen Filmen zu sehen war. Hier wurden Märchenfilme wie „Jorinde und Joringel" oder „Die zertanzten Schuhe", Szenen für die Historienfilme „Der Medicus" und „Die Päpstin", aber auch zahlreiche Dokumentarfilme gedreht. Jährliche Sonderausstellungen auf der Burg widmen sich immer wieder aufs Neue dem Thema Film in unterschiedlichen Facetten, während die sehr sehenswerte Ausstellung „Burg Querfurt – Leben in Krieg und Frieden" aus der langen und bewegten Geschichte der Burg erzählt. Vom Besucherparkplatz aus kann man über den Zwingerweg die Burg umrunden. Der Weg bietet einen wunderschönen Panoramablick auf die Altstadt von Querfurt. Und er führt vorbei an der 1498 erstmals erwähnten „Alten Burgschäferei". Auf deren Gelände befindet sich heute ein Bauernmuseum, das Einblicke in das bäuerliche Leben gibt.

- Burg Querfurt, Burgring, 06268 Querfurt, burg-querfurt.de
- ÖPNV: Haltestelle Parkplatz

Des Glückes Schmied

44 Die Burgenlandschmiede in Pretzsch

Der Schmied ist einer der ältesten Handwerksberufe überhaupt und noch vor ein paar Jahrzehnten gab es fast in jedem Dorf eine Schmiede. Doch heute ist dieses klassische Handwerk eher selten anzutreffen. Umso schöner ist es, dass dieser Traditionsberuf in der Burgenlandschmiede von Lukas Nelkenbrecher so lebendig gehalten wird – und zwar mitten im beschaulichen Pretzsch. Der Handwerksmeister hat sich in den letzten Jahren auf individuelle Metallarbeiten rund ums Haus spezialisiert und beweist mit Leidenschaft, außergewöhnlichen Ideen und kreativen Angeboten, dass Schmiede nicht zum „alten Eisen" gehören. Jeder ist willkommen, einen Blick in seine Werkstatt zu werfen, um sich von der Faszination des Schmiedens zu überzeugen. Wenn das Eisen sich in der Glut verfärbt und aus dem harten Stahl eine fast geschmeidige Masse wird, um auf dem Amboss eine neue Form zu erhalten, schaut man gebannt zu.

Für ein paar Stunden oder ein ganzes Wochenende lang kann man sogar tiefer in die Welt von Schmiedehammer und Amboss eintauchen und selbst praktisch erfahren, wie sich dem spröden Stahl unter dem Schlag des Hammers neues Leben einhauchen lässt. Denn über das ganze Jahr hinweg werden verschiedene Kurse angeboten, die eine Einführung in die Kunst des Schmiedens geben. Für Übernachtungen stehen außerdem fünf Doppelzimmer zur Verfügung. Den Gruppen von drei bis sechs Personen werden in der authentischen Atmosphäre vor Ort die Grundlagen am Schmiedefeuer und in Material- und Werkzeugkunde vermittelt. Am Ende fertigt je nach gebuchtem Kurs jeder Teilnehmer sein eigenes Unikat. So werden in der Burgenlandschmiede Halbtagskurse angeboten, bei denen man sich einen Schürhaken oder einen Pflanzstab schmieden kann. Im Ganztageskurs entsteht unter fachkundiger Anleitung etwa ein rustikales Messer oder im Wochenendkurs zum Beispiel eine Axt. Was für ein Erlebnis, einen selbst geschmiedeten Gegenstand mit nach Hause zu nehmen!

TIPP

Die Burgenlandschmiede ist auch auf regionalen Handwerkermärkten vertreten.

● Burgenlandschmiede, Dorfstraße 9, 06721 Meineweh OT Pretzsch
burgenlandschmiede.de
● ÖPNV: Haltestelle Pretzsch

Und denke immer daran:
„Das ist noch lange nicht alles!"
Top

Kunst im Grünen

45 Der Plastik-Park in Leuna

Seit Beginn des 20. Jahrhunderts ist die Stadt Leuna unweit von Merseburg geprägt durch ihre großen Industrieanlagen. Die verheißen auf den ersten Blick nicht unbedingt einen Ausflug ins Grüne, warten aber trotzdem mit einem kleinen Juwel auf. Nach dem Vorbild einer sogenannten Gartenstadt entstand hier für die Chemiearbeiter in den 1920er-Jahren eine Wohnsiedlung mit einem Park direkt oberhalb der Saale als Mix aus Leben, Arbeiten, Natur und auch Kultur. Nach einer Umgestaltung im Jahr 1958 war der Park der ideale Ort, um dieses Zusammenspiel zu vertiefen. Und so wurde 1962 von der Staatlichen Galerie Moritzburg, dem heutigen Kunstmuseum, eine Sommerausstellung mit Freiluftskulpturen initiiert. Die Idee, zeitgenössische Kunst im öffentlichen Raum auszustellen, stieß auch bei den Verantwortlichen der Leuna-Werke auf offene Ohren, sodass aus einer temporären Ausstellung ein Museum im Grünen wurde, das noch um weitere Plastiken anwuchs. Dank ihrer finanziellen Beteiligung konnte die Galerie sämtliche Plastiken erwerben, die zwischen 1947 und 1967 entstanden sind. Die Palette dieser Skulpturen und Reliefs reicht von ausdrucksstarken Mahnmalen und Darstellungen der Arbeiterklasse bis hin zu Interpretationen vom „neuen sozialistischen Menschenbild". Das Spektrum umfasst Werke von namhaften Bildhauern wie Fritz Cremer, Ingeborg Hunzinger-Riehl, Waldemar Grzimek sowie zahlreichen anderen Künstlern. Der Park spiegelt eindrucksvoll die damaligen künstlerischen Positionen wider, er ist ein Denkmal und gleichzeitig einmaliges Zeugnis der Kunst- und Zeitgeschichte der 1950er- und 1960er-Jahre.

TIPP

Am Haupttor der Leuna-Werke steht die erste Tankstelle Deutschlands, die heute eine Bäckerei ist.

Mit der Erweiterung um einen Kinderspielplatz und der Anpassung des botanischen Konzeptes wurde er zu einer kleinen Oase, die Einheimische und Gäste als Ort der Ruhe schätzen. Kunstbegeisterte können rund um die Uhr Plastiken betrachten und dank QR-Codes noch weiterführende Informationen erhalten. Freunde der Natur genießen einfach die Stille und schlendern entspannt hinab bis zur Saale.

- Plastik-Park Leuna, Franz-Lehmann-Straße 22, 06237 Leuna plastikpark-leuna
- ÖPNV: Haltestelle Pfalzplatz oder Am Haupttor (ca. 15 Minuten Fußweg)

Feinste Küche

46 Die Orangerie am Park in Großjena

Mitten in Großjena liegt mit dem Gutshof des ehemaligen Rittergutes und dem dazugehörigen Park ein bemerkenswertes Kleinod versteckt. Das klassizistische Haus wurde 1818 errichtet und in den 1990er-Jahren gemeinsam mit der in direkter Nähe stehenden Orangerie saniert. Diese hält heutzutage für ihre Gäste nicht nur so manche kulinarische Entdeckung bereit. Während die Vorderfront des Hauses recht unscheinbar aussieht, offenbart sich hinter dem Eingangsbereich eine ganz eigene Welt. Den Hauptraum prägt eine riesige Glasfront, die den Innen- mit dem Außenbereich verbindet und zu jeder Zeit den Blick ins Freie ermöglicht. Drinnen dominieren dunkles Holz und cremefarbene Wände, Terrakottafliesen verstärken den Eindruck, dass man mitten in die Toskana versetzt wurde. In der warmen Jahreszeit locken hohe, Schatten spendende Bäume, im Garten Platz zu nehmen. Was für ein lauschiger Ort! Dazu bietet das Restaurant eine kleine feine Auswahl saisonal wechselnder Gerichte an, für die das Küchenteam eine feine Landhausküche aus überwiegend regionalen Zutaten zaubert. Das Wild stammt aus den heimischen Wäldern, Kalbsbäckchen und Kalbsfilet kommen aus dem nahen Thüringen und auch das Gemüse wird von Anbietern vor Ort bezogen. Auch die Kuchen und Torten sind eine Sünde wert und schmecken einfach wunderbar.

TIPP

In Großjena ist außerdem die neoromanische Kirche aus dem Jahr 1895 sehenswert.

Vor oder nach dem Essen bietet sich ein Spaziergang durch den ehemaligen Gutspark mit seinem alten Baumbestand an. Nicht zuletzt durch die Wiederherstellung der historischen Wegführung im Jahr 2017 entstand hier ein kleines Landschaftsidyll, das zu jeder Jahreszeit einen Ausflug wert ist. Im Frühjahr überziehen Tausende Frühblüher den Boden, im Sommer spenden die Bäume wohltuenden Schatten und im Herbst erfreut der Park mit seiner Farbenpracht. Entlang der Wege und Wassergräben laden Bänke und der Rastplatz am Holzpilz zum Verweilen ein. Ein wundervoller Ort der Entspannung, an dem man den Zauber der Natur genießen kann.

- Orangerie am Park Großjena, Dobichauer Straße 1, 06618 Naumburg OT Großjena, Tel. (0 34 45) 26 16 25, orangerie-grossjena.de
- ÖPNV: Haltestelle Großjena oder Bahnhof Kleinjena (ca. 20 Minuten Fußweg)

Wildpferde und Orchideen

47 Wanderung durch die Toten Täler und den Rödel

Auch wenn der Name Tote Täler nur wenig verlockend klingt, ist das gleichnamige Naturschutzgebiet mit der Hochfläche Rödel ein einladendes Fleckchen Erde. Südwestlich von Freyburg liegend, führen mehrere Wege von Balgstädt, Freyburg oder Großwilsdorf dorthin, letzterer ist ein flacher Weg ohne großen Anstieg.
Früher wurde auf dem Rödel Muschelkalk abgebaut, es war Weideland, auch Wein wurde angepflanzt. Bis in die 1990er-Jahre war die Fläche militärisch genutzt. Obwohl sich die Natur davon schon einiges zurückgeholt hat, zeugen Mauerreste und Steinbruchflächen, aber auch vereinzelte Rebstöcke, immer noch von der ehemaligen Nutzung. Heute ist es ein Naturschutzgebiet, das mit wertvollen Trocken- und Halbtrockenrasen einen wichtigen Lebensraum für zahlreiche Tiere und Pflanzen bildet. Unter anderem für etwa 25 herrliche Orchideenarten, die man, geschützt durch einen Holzzaun, besonders im Mai und Juni auf einem Rundweg bewundern kann. Aber auch außerhalb dieser Monate lohnt sich die abwechslungsreiche Wanderung. Eine weitere Besonderheit sind die in den Toten Tälern beheimateten Koniks. Als eine der letzten freilebenden Pferderassen übernehmen sie hier einen Teil der Landschaftspflege und helfen dabei, die Verbuschung der „Savanne von Sachsen-Anhalt“ zu verhindern. An zahlreichen Stellen führen sehr schmale Holztore direkt in das weitläufige Gehege. Die robusten kleinen Wildpferde bewegen sich in dem riesigen Gebiet frei, aber mit etwas Glück und Geduld kann man sie beobachten. Hier und da künden schon die Hufabdrücke von ihrer Anwesenheit. Und wenn man die Herde dann plötzlich und unerwartet vor sich sieht, ist die Überraschung perfekt. Aber auch wenn die Wildpferde nicht sehr scheu sind, sollte man sich auf jeden Fall ruhig verhalten und Abstand wahren, Streicheln und Füttern sind strengstens verboten. Nur wenn sich jeder daran hält, bleibt die Herde erhalten und dieses ganz besondere Erlebnis weiterhin für jeden frei zugänglich.

TIPP

Von der Aussichtsplattform auf der Großwilsdorfer Seite hat man einen guten Blick über das Gebiet.

- Wanderung durch die Toten Täler und den Rödel, Startpunkt am Wanderparkplatz Großwilsdorf, Kleinjenaer Straße, 06618 Naumburg OT Großwilsdorf
naturstiftung-david.de/roedel
- ÖPNV: Haltestelle Großwilsdorf, Bahnhof Freyburg oder Balgstädt

Barocke Herrlichkeit

48 Der Kurpark und das Goethe-Theater in Bad Lauchstädt

1704 stieß man in Bad Lauchstädt eher zufällig auf eine Quelle. Nachdem die heilende Wirkung des Wassers nachgewiesen war, entstanden erste Kuranlagen, die sich schnell großer Beliebtheit beim Adel und dem gehobenen Bürgertum der umliegenden Städte erfreuten. Die Kunde drang bis nach Dresden an den kurfürstlichen Hof, der das Bad ab 1775 als Sommerresidenz nutzte. Da aber die alten Kuranlagen nicht mehr dem Zeitgeist entsprachen, erhielt der Merseburger Stiftsbaumeister Johann Wilhelm Chryselius den Auftrag zur Umgestaltung. Unter seiner Leitung entstand ein architektonisches Gesamtkunstwerk. Er schuf eine spätbarocke Kuranlage, die mit ihrer Eleganz auch heute noch begeistert. Die höfischen Bauten, die mit einer Balustrade eingefasste Quelle, die Kolonnaden und der weiträumige Park verströmen mediterranes Flair. Im vorderen Teil des Parks mit dem großen Teich dominieren Schmuckbeete und Solitärpflanzen, der hintere Teil gleicht einem englischen Landschaftspark.

Beim Flanieren durch den Park versteht man, warum das Bad zum Modebad des 18. Jahrhunderts aufstieg. Es zog nicht nur den Adel, sondern auch die Geistesgrößen der Zeit an. Gellert und Hegel waren Stammgäste, Schiller wählte Bad Lauchstädt zu seinem Verlobungsort. Und natürlich hinterließ Goethe hier seine Spuren. Das Goethe-Theater ist der einzige noch erhaltene Theaterbau, der nach den Vorgaben des Dichters errichtet wurde. Und das kostengünstig und von außen recht unscheinbar in einer Bauzeit von nur 3 Monaten. Im Theater selbst ist die originale Bühnentechnik mit der Drehbühne voll funktionsfähig erhalten geblieben. Der Zuschauerraum beeindruckt mit seiner historischen Zeltdecke, die wieder im Originalzustand von 1802 erstrahlt. Eine wahre Freude! Auch wenn der eigentliche Kurbetrieb 1941 endgültig eingestellt wurde, begeistern die Anlagen als vielfältige Veranstaltungsorte und als Ruhepol. Der Kurpark mit seinen Gebäuden verzaubert die Besucher und lässt sie in eine vergangene Welt eintauchen.

TIPP

Leckeren selbst gebackenen Kuchen gibt es im Kurparkcafé „Christiane Vulpius" direkt am Teich.

- Historische Kuranlagen & Goethe-Theater, Parkstraße 18, 06246 Bad Lauchstädt, Tel. (03 46 35) 90 54 72
- ÖPNV: Haltestelle Am Schloss

Glück auf zwei Rädern

49 Der Zuckerbahnradweg zwischen Zeitz und Camburg

Zwischen Zeitz und Camburg eröffnete im Jahr 1897 eine Bahnstrecke für den Personen- als auch für den Güterverkehr. Hauptsächlich transportierte man hier Braunkohle und die der Strecke ihren Namen gebenden Zuckerrüben, die in Zeitz weiterverarbeitet wurden. Bis in die 1960er-Jahre wurde die Strecke immer weiter verkürzt, sodass die Züge schließlich nur noch zwischen Zeitz und Osterfeld verkehrten. Der Transport der Zuckerrüben nach Zeitz zur Zuckerfabrik spielte nun die maßgebliche Rolle, bis der Verkehr 1999 letztlich ganz eingestellt wurde. Inzwischen sind auch die Schienen auf der alten Bahnstrecke zwischen Zeitz und Camburg längst verschwunden und man kann seit 2019 auf dem früheren Bahndamm per Drahtesel die Schönheit der Umgebung entdecken.

TIPP

Bei einem Abstecher ins Naturbad Osterfeld kann man sich mit einem Sprung ins kalte Nass erfrischen.

Etwa zwei Drittel der abwechslungsreichen Strecke führen auf der ehemaligen Bahntrasse entlang, eingebunden in den insgesamt rund 37 Kilometer langen Weg von Zeitz über Kretzschau, Droyßig, nach Osterfeld und Schkölen und von dort weiter nach Camburg. Auf der landschaftlich schönen Trasse durchquert man auch den Zeitzer Forst und das Wethautal. Entlang der Landesgrenze von Sachsen-Anhalt und Thüringen verbindet der Zuckerbahnradweg das Elstertal mit dem Saaletal. Der Weg ist durchgehend asphaltiert und durch die moderaten Steigungen für Familien besonders attraktiv. Entlang der Route laden verschiedene Orte zu einer Pause ein. In Droyßig gibt es direkt am Bahnhof einen ganz besonderen Rastplatz. Der Künstler Ronald Lindner hat hierfür ein Kunstwerk geschaffen, bei dem eine überdimensionierte Schiene an die ursprüngliche Nutzung erinnert. Der Zuckerbahnradweg bietet zahlreiche weitere Kombinationsmöglichkeiten mit anderen Radwegen – so kann man zum Beispiel in Würchhausen zum Saaleradweg wechseln, in Kretzschau gibt es Anschluss zum Recarbo-Kohleradweg als Verbindung nach Hohenmölsen mit dem Mondsee und in Zeitz ist die Weiterfahrt auf dem Elsterradweg möglich.

● Zuckerbahnradweg zwischen Zeitz nach Camburg

29,1 km Camburg
Zeitz 8,2 km

Beeindruckende (Bau)Kunst

50 Der Naumburger Dom

Der altehrwürdige Naumburger Dom hat eine ganz besondere Anziehungskraft. Mit seinen vier Türmen prägt er das Bild der Stadt. Wer den Dom betritt, ist sofort gefangen von seiner Einzigartigkeit, denn nur im Naumburger Dom trennen zwei Lettner das Langschiff vom Ost- und Westchor ab. Errichtet in der Übergangszeit vom romanischen zum gotischen Baustil, ist aber nicht nur die Architektur beeindruckend. Vielmehr ist es das Zusammenspiel mit der Kunst, die den Dom überall durchzieht. Im Westchor erstrahlen die zwölf Stifterfiguren des unbekannten Naumburger Meisters, die jeden zu fesseln vermögen. Die ausdrucksstarken Gesichter und der plastische Faltenwurf suchen ihresgleichen. Wer kann schon dem verschmitzten Lächeln der Reglindis widerstehen oder Uta, die für viele als schönste Frau des Mittelalters gilt. Vom selben Meister stammt der Westlettner. Auch er überzeugt mit der Lebendigkeit seiner Figuren, die das Passionsgeschehen darstellen.

TIPP
Einen Besuch im Garten des Doms sollte man auf keinen Fall verpassen.

Ganz besonders macht den Dom das Nebeneinander von alter und neuer Kunst. So finden sich zahlreiche Werke des Magdeburger Künstlers Heinrich Apel. Am bekanntesten sind dabei die Handläufe aus den 1970er- und 80er-Jahren an den Treppen zum Ostchor. Sie zeigen den „Heiligen Franziskus und die Tiere“ und den „Schmalen Pfad ins Paradies“. Zahlreiche zarte Details wollen erkannt und ertastet werden. Ein Erlebnis für die Sinne. Das ist auch die fast unscheinbare Elisabeth-Kapelle im Nordwestturm. Deren Raum zieren eine der ältesten Steinplastiken der heiligen Elisabeth und drei Fenster, die der Leipziger Künstler Neo Rauch in der für ihn typischen figurativen Bildsprache 2007 mit Szenen aus dem Leben Elisabeths im prägnanten Rot geschaffen hat. Überaus beeindruckend ist die Kapelle am Nachmittag, wenn die Sonne durch die Fenster scheint und alles in einen warmen sanften Rotton taucht. Dann wird aus dem kleinen, fast privat wirkenden Raum ein wahrer Glücksort.

- Naumburger Dom, Domplatz 16, 06618 Naumburg, naumburger-dom.de
- ÖPNV: Haltestelle Lindenring/Dom oder Poststraße/Postring

Oberlandesgericht
Toiletten
Treffpunkt Stadtführungen
Saaleradwanderweg

Die goldene Barke

51 Arche Nebra in Wangen

Die Geschichte begann wie ein Krimi und ging um die ganze Welt: Zwei Raubgräber machten im Sommer 1999 auf dem Mittelberg in Wangen bei Nebra einen spektakulären Fund aus der Bronzezeit. Neben Schwertern und Beilen fanden sie eine geheimnisvolle Scheibe, die sie, wie den gesamten Schatz, sofort weiterverkauften. Nach mehrjähriger Odyssee über verschiedene Hehler konnte die Polizei 2002 den archäologischen Fund mit einer fingierten Verkaufsaktion rechtmäßig in Landesbesitz überführen. Das geheimnisvolle Artefakt erwies sich als Weltsensation. Heute berühmt als Himmelsscheibe von Nebra, ist es die weltweit erste konkrete Darstellung von Himmelsereignissen und über 3600 Jahre alt. Man war mit ihrer Hilfe in der Lage, Kalendertermine zu bestimmen und Sonnen- und Mondkalender miteinander zu verbinden.

TIPP

Von der Arche Nebra verkehrt stündlich ein Bus zum Fundort und zum Turm.

Das Original kann heute im Landesmuseum für Vorgeschichte in Halle besichtigt werden, aber trotzdem lohnt der Weg nach Wangen, denn dort wird der Fundort eindrücklich erlebbar. Im Besucherzentrum Arche Nebra erfährt man in einer Ausstellung und im angeschlossenen Planetarium mehr über die Bedeutung der Himmelsscheibe und die zeitliche Einordnung ihrer Entstehung. Die Arche selbst ist ein architektonisches Kleinod. Die eloxierten Metallplatten des scheinbar schwebenden Gebäudes schimmern schon von Weitem. Der faszinierende Bau hat eine leicht gebogene Form und ist eine Referenz an die auf der Himmelsscheibe dargestellte Sonnenbarke. Im Inneren öffnet sich durch das riesige Panoramafenster der Blick in Richtung Fundstelle, die circa 3 Kilometer entfernt liegt. Sie wird durch eine überdimensionierte gewölbte Metallscheibe, das sogenannte Himmelsauge, markiert. Daneben steht ein 30 Meter hoher Aussichtsturm. Er ist um 10° geneigt und fungiert gleichzeitig als Sonnenuhr. Ein vertikaler Schnitt durch den Turm markiert die Linie, in der die Sonne zur Sommersonnenwende untergeht, zugleich ist es die Sichtachse bis hin zum Brocken, dem höchsten Berg des Harzes.

- Arche Nebra, An der Steinklöbe 16, 06642 Nebra OT Wangen
  himmelsscheibe-erleben.de
- ÖPNV: Haltepunkt Wangen (ca. 20 Minuten Fußweg)

Hier werden Märchen wahr

52 Froschkönig – die Marmeladenmacher in Profen

Wo früher die Profener Kinder zur Schule gegangen sind, ist heute das Land des Froschkönigs. So jedenfalls nennt Ines Seydel-Adam ihr märchenhaftes Reich. Die gelernte Grafikdesignerin suchte neben ihrer Werbeagentur noch ein weiteres Standbein und so entstand die Idee, eigene Marmeladen zu kreieren. Die süßen Versuchungen klingen nicht nur märchenhaft, sie schmecken auch so. Die fruchtigen Kompositionen sind außergewöhnlich und immer etwas Besonderes. „Die verliebte Kirsche" etwa wird mit Sole aus Bad Sulza verfeinert und das „Mango-Hopfen-Märchen" verbindet zwei ganz unterschiedliche Zutaten harmonisch miteinander. Ganz besonders verführerisch schmeckt die Erdbeermarmelade durch die alte Sorte Mieze Schindler, die vom Biohof in Burtschütz kommt. Überhaupt legt man im Froschland sehr viel Wert auf regionale Rohstoffe und Kooperation. Was einmal als kleine Marmeladenkocherei begann, ist im Laufe der Zeit immer weiter gewachsen. Inzwischen gibt es in der oberen Etage des Hauses ein gemütliches Café und bei schönem Wetter kann man auch im Garten Platz nehmen. Außerdem wurde der alte Schuppen zu einem kleinen, liebevoll eingerichteten Hofladen umgebaut.

TIPP

Einen Ausflug ist auch die Eisenmühle im nahe gelegenen Elstertrebnitz wert.

Neben den handgemachten Marmeladensorten gibt es hier selbst gebackenes Brot und Brötchen, leckere Torten und Kuchen, auch Herzhaftes in Gläsern steht zum Mitnehmen bereit. Bis hin zu den Etiketten ist alles reizend gestaltet und versprüht einen wunderbaren Charme. Man bekommt einfach gute Laune in der einladenden Atmosphäre. Blickfang im üppig gestalteten Garten ist ein umgebauter Zirkuswagen, in dem unter anderem auch Weine verkauft werden. Thematische Veranstaltungen wie Brunches, Martinsgans-Essen oder der Adventsmarkt locken zahlreiche Gäste an. Denn besonders, wenn es in der kalten Jahreszeit nach Glühwein und Kräbbelchen duftet, kann man den angebotenen Leckereien einfach nicht widerstehen.

● Froschkönig – die Marmeladenmacher, Profener Bahnhofstraße 2, 06729 Elsteraue OT Profen, froschkoenig-marmeladenmacher.de
● ÖPNV: Bahnhof Profen

oschschanke
Das Café
MSTERDAM 119
chGarten &
Baumhaus
Schaukel
WONDERLAND

Der kleinste Schlosshof

53

Das Museum Schloss Lützen

Das Lützener Schloss liegt, umgeben von einer Parkanlage, in unmittelbarer Nähe zum Markt. Schon von Weitem fällt der prägnante Schlossturm ins Auge, der zunächst einen viereckigen Grundriss hat und weiter oben in ein Achteck übergeht. Von dort hat man einen besonders schönen Blick über die kleine Stadt und ihre Umgebung.
Die Geschichte des Schlosses reicht bis ins Mittelalter zurück. Schon 1252 bauten hier die Merseburger Bischöfe eine Burg, die im 14. Jahrhundert erweitert wurde. 1538 ließ Bischof Sigismund von Lindenaue die Burg so umbauen, dass sie eher Schlosscharakter erhielt. Durch weitere Veränderungen, die Umbauarbeiten von der Burg zum Schloss und die ursprünglich vorgegebene Baustruktur blieb schließlich nur noch wenig Platz für einen Hof, sodass dieser gerade einmal 70 Quadratmeter groß und damit der kleinste Schlosshof Deutschlands ist. Immerhin gibt es eine Bühne, auf der nicht nur Veranstaltungen stattfinden, sondern man sich, umgeben von historischen Schlossmauern, auch ganz romantisch das Jawort geben kann. Außerdem dient der Innenhof als Terrasse des Cafés „Wallenstein-Stube“. Das Café wurde nach dem Feldherrn benannt, weil Albrecht von Wallenstein hier Anfang November 1632 Quartier nahm, bevor er in die berühmte Schlacht von Lützen zog. Diese nimmt auch einen großen Bereich im Museum des Schlosses ein, ebenso wie die Schlacht bei Großgörschen während des Napoleonischen Befreiungskrieges im Mai 1813. Beide Ereignisse werden durch beeindruckende Dioramen mit Tausenden kleinen Zinnfiguren dargestellt. Nicht umsonst nennt man Lützen nicht nur die Stadt der Schlachtenlenker, sondern auch der Dichter und Denker. Mit dem Dichter ist Johann Gottfried Seume gemeint, der im Lützener Stadtteil Poserna geboren wurde. Seume wanderte Tausende von Kilometern und verfasste darüber beispielhafte Reiseberichte. Das Museum erinnert daran und kann sich glücklich schätzen, die umfangreichste Sammlung an Originalmanuskripten und Briefen von Seume zu besitzen.

TIPP

Leckere Eisbecher gibt es im Café Eisbär direkt am Park.

● Schloss Lützen, Schloßstraße 4, 06686 Lützen
erlebnis-luetzen.de/museum-im-schloss
● ÖPNV: Haltestelle Markt

Pilgertour zum Wein

54 Saale-Weinmeile zwischen Bad Kösen und Roßbach

Jedes Jahr zu Pfingsten verwandelt sich der 6 Kilometer lange Weg zwischen Bad Kösen und Roßbach in die Saale-Weinmeile. Sonnabend und Sonntag öffnen dann die Weingüter, aber auch zahlreiche Hobbywinzer ihre Höfe. Die Weinmeile, die auch sonst eine schöne Ausflugsstrecke ist, führt entlang der Saale zur einen und der herrlichen Weinbergen zur anderen Seite. Was für fantastische Ausblicke! Wer einmal bei der Pilgertour zum Wein dabei war, wird immer wiederkommen. Dies liegt nicht zuletzt an der familiären Atmosphäre, die man sich hier immer bewahrt hat. Durchs Wandern entwickelt sich eine ganz eigene Dynamik – im Gegensatz zum langen Herumsitzen bei so manch starrer Festivität. Neben regionalen Weinen gibt es in den Höfen leckere Speisen und häufig musikalische Unterhaltung dazu.

Mitten auf der Meile kommt sogar ein wenig Hollywood-Atmosphäre auf. Über den Saalhäuser Weinhängen prangt in riesigen weißen Buchstaben „Saale-Unstrut Wein". Das Schild ist mittlerweile zu einem der beliebtesten Selfie-Points im Saale-Unstrut-Gebiet geworden. Kein Wunder, Weinberg und Schild bilden eine perfekte Einheit und werben gelungen für die Region, nicht nur zur Weinmeile.

TIPP

Zwischen beiden Orten verkehren zur Saale-Weinmeile ein Shuttle-Transfer sowie Sonderbusse.

Je nachdem, von welchem Ende man diese beginnt, ist das Weindorf Roßbach Start oder Ziel der Tour. Die Geschichte des schicken kleinen Dörfchens begann schon 1196 und ist seit dieser Zeit eng mit dem Weinbau verbunden. Hier sind die Weingüter Herzer und Frölich-Hake ansässig, und auch einen Böttcher gibt es noch. Direkt an den Ort schließen sich die Roßbacher Weinberge und zahlreiche Straußwirtschaften an. Inspiriert vom Erfolg des Events zu Pfingsten hat sich hier in den letzten Jahren am vierten Adventswochenende der „Advent in den Weinbergen" etabliert. Dann gestalten die Weingüter und Höfe in Roßbach und entlang der Weinberge eigene kleine Weihnachtsmärkte, auf denen es neben hausgemachtem Glühwein allerlei Weihnachtliches zu entdecken gibt. Genussvoller kann man nicht in die Weihnachtstage starten.

● Saale-Weinmeile, Straße am Weinberg zwischen Bad Kösen und Roßbach
saale-weinmeile.de
● ÖPNV: Bahnhof Roßbach oder Bad Kösen

SAALE-UNSTRUT Wein

Wo einst Mühlen klapperten

55

Das Mühltal bei Eisenberg

Im romantischen Mühltal gab es entlang des kleinen Bachs Rauda schon seit dem 13. Jahrhundert viele Mühlen. Zwischen den Orten Kursdorf und Weißenborn reihen sich wie auf einer Perlenschnur acht ehemalige Mahl-, Walk- und Schneidemühlen und das Haus von Milo Barus, dem ehemals stärksten Mann der Welt, auf einer Länge von circa 8 Kilometern aneinander. Als die Mühlen mit der Industrialisierung ihre Bedeutung verloren, erkannte man recht schnell ihren touristischen Wert. So war das Mühltal im frühen 20. Jahrhundert bald als Sommerfrische bekannt und beliebt und lockte zahlreiche Ausflügler an, welche die Ruhe und Natur genießen wollten. Daran hat sich nichts geändert. Nach wie vor kann man zwischen Sandsteinfelsen, dichten grünen Wäldern und der vor sich hin plätschernden Rauda die Hektik des Alltags hinter sich lassen. Neben einem asphaltierten Hauptweg, der sich durch das gesamte Tal zieht, gibt es andere Routen direkt durch den Wald und die Natur. Die beliebteste ist der etwa 9 Kilometer lange „Sommerfrischeweg", der einige der Mühlen miteinander verbindet. Diese Wanderroute ist mit einem grünen Punkt gekennzeichnet und führt entlang des Bächleins, aber es geht auch bergan, sodass sich schöne Ausblicke ins Tal bieten. Jede der Mühlen beeindruckt mit ihrem eigenen Charme, ob als Hotel, Jugendherberge, Restaurant oder Café. An fast jeder Mühle kann man seinen Hunger und Durst stillen, gibt es Übernachtungsangebote.

TIPP

In der Meuschkensmühle erfährt man in einer Ausstellung mehr über das Leben von Milo Barus.

Am Anfang des Mühltals auf der Kursdorfer Seite bekommt man im Mühlental-Miniaturpark der Robertsmühle einen Einblick in die Zeit um 1900. Im Maßstab 1:20 sind dort die Mühlen originalgetreu nachgebildet und man erfährt Interessantes aus ihrer Geschichte. Besonders stimmungsvoll aber ist es im Tal jedes Jahr zum dritten Advent, wenn es sich zum Weihnachtstal wandelt. Dann ziehen die Besucher bei einsetzender Dunkelheit mit Fackeln von Mühle zu Mühle und lassen sich von den weihnachtlichen Angeboten verzaubern.

● Mühltal, 07607 Eisenberg
sommerfrische-muehltal.com, weihnachtstal.de
● ÖPNV: Haltestelle Kursdorf oder Weißenborn

Das Hühnermobil

56

MaMa's Unstruttaler in Balgstädt

Auf einer Wiese zwischen der Unstrut und den Bahnschienen in Balgstädt sind glückliche Hühner zu Hause. Hier steht eines von zwei Hühnermobilen von MaMa's Unstruttaler. Der originelle Name verbindet die Anfangsbuchstaben der beiden Geschwister Madleen und Matthias Schmidt mit deren Verbundenheit zur Heimat. Beiden liegt die Liebe zur Landwirtschaft in den Genen, denn sie sind auf dem elterlichen Bauernhof groß geworden. Später neue Wege einschlagend, haben sie neben dem Familienbetrieb ihr eigenes Unternehmen gegründet. Dazu gehört unter anderem das Hühnermobil mit Freilandauslauf. Der transportable Wagen dient als Hühnerstall, die Wiese als Auslauf. Üppiges Gras und Möglichkeiten zum Unterschlupf garantieren artgerechte Haltung. Zwei Ziegen sind wichtige Ergänzung der natürlichen Hühnerhaltung, sie bewachen und schützen die Hühner vor Greifvögeln wie Habichten, aber auch vor Füchsen.

Wenn die Wiese abgegrast ist, zieht der ganze Wagen samt Hühnern einfach ein Stückchen weiter. Wer wissen möchte, wo die glücklichen Hühner ihre Bleibe haben, kann dem Hühnermobil jederzeit einen Besuch abstatten. Hier steht auch ein sogenannter Eierautomat, an dem man die frisch gelegten Eier der hier lebenden Tiere gleich kaufen kann. Mit der großen Transparenz der Hühnerhaltung tragen die umtriebigen Geschwister dazu bei, für den Verbraucher wieder einen Bezug zur Landwirtschaft herzustellen. Hat man einmal die gackernden Hühner auf der Wiese umherlaufen sehen, schmecken die Eier gleich noch mal so gut. Doch das ist nicht das einzige Projekt des Unternehmens MaMa's Unstruttaler. In einem umgebauten Kälberstall züchten und halten sie Strauße. Außerdem produzieren die Geschwister aus dem Raps des elterlichen Anbaus ein schonend gepresstes Rapsöl von schönster Farbe und bestem Geschmack, das regelrecht für Hochgefühle in der heimischen Küche sorgt. Völlig verdient trägt es den wundervollen Namen Rapsglück.

TIPP

Die Kaffeerösterei Moness ist wie geschaffen für eine Pause bei frisch geröstetem Kaffee und Kuchen.

● MaMa's Unstruttaler – Wiese mit Hühnermobil und Eierautomat, Lohweg 1, 06632 Balgstädt (hinter der Kaffeerösterei Moness Richtung Friedhofsmauer die Schienen überqueren), mamas-unstruttaler.de

● ÖPNV: Bahnhof Balgstädt

EIERAUTOMAT

Mit Pfeil und Bogen

57

Die Cyriaksruine bei Camburg

Rund um Camburg laden zahlreiche Wanderwege zu Ausflügen in die Natur ein. Bei einem Spaziergang durch den Stöbener Wald kann man Historisches und frische Luft miteinander verbinden. Circa 1,5 Kilometer von Camburg entfernt, liegt idyllisch, mitten im Wald die Cyriaksruine. Sie befindet sich etwas versteckt, nördlich von Camburg, Richtung Großheringen auf einem Felssporn. Die Mauerreste und noch vorhandenen Teile der romanischen Rundbögen sind umgeben von den Laubbäumen des Waldes.

Über die Entstehung der einstmaligen Kirche ist nicht viel bekannt. Man schätzt, dass der Bau als Teil einer Burganlage um die erste Jahrhundertwende errichtet wurde. Von der Burg ist außer der Erwähnung in einer Chronik nichts mehr bekannt. Die Kirche diente bis 1539 als Pfarrkirche. Danach kam es im Zuge der Reformation zur Zusammenlegung von Pfarreien, dadurch gab es keine Verwendung mehr für diese Kirche. Sie verfiel und diente nur noch als Steinbruch für die umliegenden Dörfer. Erste archäologische Ausgrabungen fanden 1885 statt, bei denen man auf zwei unterirdische Gänge stieß. In diese Zeit fielen auch die ersten Restaurierungsarbeiten. Erst in den 1970er-Jahren kam es zu größeren Erhaltungsmaßnahmen. Das Gelände rund um die Ruine wurde vom Geäst befreit und so wieder zugänglich gemacht. Heute liegen die Ruinenreste eindrucksvoll im Wald und bilden eine stimmungsvolle Kulisse. Direkt daneben wurden Bänke aufgestellt, um im Schatten der Bäume ein Picknick zu machen oder einfach nur die Stille zu genießen. Zur Cyriaksruine führen mehrere Wanderwege. Aber bitte nicht erschrecken, falls plötzlich ein Bär, ein Wildschwein oder gar ein Dinosaurier auftauchen sollte. Der umliegende Wald wird auch als Parcours für Bogenschützen genutzt, weshalb auf dem Gelände 3D-Tierattrappen aufgestellt sind. Der Parcours umfasst über 30 Ziele mit unterschiedlichen Schwierigkeitsstufen, die auf einem Rundweg von 6 Kilometern absolviert werden können, wofür man eine Tageskarte erwerben kann.

TIPP

Vom Turm der ehemaligen Burg in Camburg genießt man einen herrlichen Ausblick in die Umgebung.

- Cyriaksruine und Bogenparcours Camburg, oberhalb der L 1061, 07774 Schmiedehausen, camburger-bogenschuetzen.de
- ÖPNV: Haltestelle Stöben oder Camburg, Schmiedehäuser Straße

Ein Hauch von Japan

58 Der Schlossgarten von Zeitz

Das imposante Schloss Moritzburg wird von einem farbenprächtigen Garten umrahmt. Üppige Pflanzenpracht erstrahlt auf Blumenbeeten und in den Themengärten, weite Grünflächen im Landschaftspark laden zur Erholung ein und Spielflächen erfreuen die Kleinsten. Doch das war nicht immer so. Um 1665 ließ Herzog Moritz einen barocken Schlossgarten anlegen. 1782 ging der östliche Teil davon an den Fabrikanten Adolph Ludwig Albrecht, der hier ein Palais mit angrenzender Manufaktur errichten ließ. In der folgenden Zeit wurde der Park mehr und mehr mit unzähligen Industriegebäuden bebaut und verlor seinen früheren Glanz. Erst die Landesgartenschau 2004 erweckte ihn wieder aus seinem Dornröschenschlaf. Aus der verfallenen Orangerie wurde ein wahres Kleinod, das Badehaus, die Klinkerhallen und andere erhaltenswerte Gebäude wurden ebenfalls saniert. Aus der alten Industriebrache ist ein richtiges Schmuckstück entstanden, das völlig zu Recht zu den Gartenträume-Parks in Sachsen-Anhalt zählt.

Ein ganz besonderer Ort der Erholung ist der Teil mit dem Japanischen Garten. Für die Gestaltung der Anlage nach fernöstlichem Vorbild reisten eigens vier Gartenbaumeister aus der japanischen Partnerstadt Tosu an. Entstanden ist eine idealisierte Trockenlandschaft auf kleinsten Raum. Der wellenförmig geharkte Kies zwischen Pflanzen- und Steininseln symbolisiert das Meer, die Flüsse und Seen. Berge werden durch unterschiedliche Steingrößen und -arten dargestellt. Belebt werden die Inseln durch Moose und Pflanzen. Alle Inseln zusammen bilden das Schriftzeichen für Herz und nehmen so Bezug auf das Thema des Gartens. Er wechselt sein Antlitz mit den Jahreszeiten und ist mit sanften Kontrasten ein Ort der Ruhe, der Meditation und des Innehaltens. Aber der Japanische Garten ist auch ein Ort, der für die Verbundenheit zwischen den Partnerstädten steht. Nachdem er 2013 durch das Hochwasser der Weißen Elster beschädigt worden war, reisten die Spezialisten aus Tosu wiederum an und halfen beim Wiederaufbau.

TIPP

Vom Weinfest über Frühlings- und Herbstfest lockt der Schlosspark mit zahlreichen Veranstaltungen.

- Schlosspark am Schloss Moritzburg, Schloßstraße 6, 06712 Zeitz
- ÖPNV: Haltestelle Brühlcenter

Das letzte Geleit

59

Pub und Museum im Geleitshaus Weißenfels

Auch wenn so mancher Pub selbst wie ein kleines Museum aussieht, ist die Kombination Irish Pub und echtes Museum unter einem Dach wahrscheinlich einmalig. Aber in Weißenfels gibt es sie, und zwar im sogenannten Geleitshaus. Das Haus ist ein prächtiger Renaissancebau mit einem reich geschmückten Erker und einem großen Sitzportal. Erbaut 1552, war es das erste Bürgerhaus der Stadt, das ganz aus Stein errichtet wurde. Allerdings war es nicht lange als Wohnhaus genutzt. Schon 1555 wurde es zum kurfürstlichen Geleitsamt bestimmt. Kaufleute konnten hier für sich und ihre Waren auf den Überlandreisen militärischen Schutz erwerben, dies war das Geleit.

Eine tragische Berühmtheit erhielt das Geleitshaus im 30-jährigen Krieg. In einer der größten und verlustreichsten Schlachten, der Schlacht bei Lützen, fiel König Gustav II. Adolf von Schweden am 6. November 1632. Zur Obduktion wurde er ins Geleitshaus gebracht, wo sie im großen Erkerzimmer stattfand. Noch heute soll ein Blutfleck an der Wand davon zeugen. Wenig später startete von hier aus der Trauerzug, mit dem er nach Schweden überführt wurde. Das Gustav-Adolf-Museum vermittelt ein anschauliches Bild von der Zeit des Dreißigjährigen Krieges. Herzstück ist ein eindrucksvolles Diorama, das mit über 10.000 Zinnsoldaten die Schlacht bei Lützen nachstellt. Wer die Präsentation sehen möchte, meldet sich einfach im Pub, der passenderweise „Battlefield" heißt. Über eine Treppe des idyllischen Innenhofes gelangt man ins Museum in der ersten Etage. Pub und Museum werden quasi gemeinsam betrieben. Das ermöglicht Öffnungszeiten, die in anderen Museen nie möglich wären. Und: Wer sich nicht so sehr für Geschichte interessiert, kann gemütlich bei einem Bier warten. Denn den perfekten Abschluss für alle Gäste an diesem geschichtsträchtigen Ort bildet ein Besuch des urigen Pubs mit seinem eindrucksvollen Gewölbe. Bei einem leckeren Essen und irischem Bier lässt sich trefflich über Gustav Adolf und seine Geschichte philosophieren.

TIPP

Am Haus gegenüber ehrt ein Kunstprojekt den in Weißenfels geborenen Fotografen Horst P. Horst.

● Gustav-Adolf-Museum und Pub Battlefield im Geleitshaus, Große Burgstraße 22, 06667 Weißenfels, Tel. (0 34 43) 33 35 21, geleitshaus.com ● ÖPNV: Haltestelle Saalstraße

Hoch über der Unstrut

60

Burg Wendelstein

Wer von Memleben in Richtung Wendelstein fährt, sieht schon von Weitem die imposante gleichnamige Burg. Die Burg Wendelstein thront hoch über der Unstrut mitten in dem ansonsten eher flachen Gebiet auf einem schroff abfallenden Felsen. Ihre Geschichte reicht bis ins Mittelalter zurück. Wahrscheinlich diente die Burg als Grenzfeste zwischen Sachsen und Franken. Die noch heute erhaltenen Wälle und Festungsgräben deuten auf diese Nutzung hin. Später, im 16. Jahrhundert, wurde sie zur Wohnburg umgebaut. Und auch heute kann man auf Burg Wendelstein noch wohnen. Von der wechselvollen Geschichte zeugen immer noch Reste der ehemals trutzigen Türme. Denn wie viele andere Orte blieb auch der Wendelstein im Dreißigjährigen Krieg von Zerstörungen nicht verschont. Dem Besucher bietet sich heute ein eher zweigeteiltes Bild aus bewohnten Teilen und wildromantischen und urigen Ruinen. Das hat durchaus Charme. Die Wohnungen im noch erhaltenen West- und Südflügel entstanden mit den Sanierungsarbeiten in den 1980er-Jahren. Andere Teile der alten Burg wurden gesichert und ursprünglich belassen, da hier der Restaurierungsbedarf zu erheblich gewesen wäre.

Auch wenn die Burganlage heute in Privatbesitz ist, sind der Burghof und die umliegenden Anlagen frei zugänglich. Man kann ein Stückchen entlang der alten Wälle bis zu den Kasematten laufen und sieht dort noch originale Bausubstanz aus Ritterszeiten. Der Ausflug zum Wendelstein lohnt auf jeden Fall, denn die brüchige und verwitterte Ruine liegt in einer reizvollen Umgebung. Abseits der Touristenpfade hat man einen fantastischen Blick über das grüne Tal der Unstrut und auf die Schleuse unterhalb des Felsens. Die Staustufe mit Schleuse und Wehr wurde im Rahmen der Schiffbarmachung der Unstrut auf Anordnung von König Friedrich August III., Kurfürst von Sachsen, in den Jahren 1791 bis 1794 errichtet. Die Stemmtorkammerschleuse ist eine Besonderheit und steht heute unter Denkmalschutz.

TIPP

Die Wiesen entlang der Unstrut laden zu einem Picknick ein.

● Burg Wendelstein, Theodor-Körner-Straße 46, 06642 Kaiserpfalz OT Wendelstein
● ÖPNV: Haltestelle Wendelstein (Memleben)

Weinfreude

61 Das Weingut Bernard Pawis in Zscheiplitz

Hoch oberhalb der Unstrut liegt circa 2 Kilometer von Freyburg entfernt das kleine Örtchen Zscheiplitz mit dem ehemaligen Rittergut. Hier betreibt heute Bernard Pawis gemeinsam mit seiner Familie ein Weingut. Alles begann im Jahr 1991, als Herbert und Irene Pawis, die Eltern des heutigen Besitzers, ein kleines Weingut mit eigenem Ausschank in den Freyburger Ehraubergen gründeten. Zunächst nur im Nebenerwerb. Die damalige Rebfläche betrug nur 0,5 Hektar, damit war es sicher eines der kleinsten Weingüter Deutschlands. 8 Jahre später übernahm Bernard Pawis das Weingut und mit dem Bau eines neuen Weinkellers in Freyburg begann das Wachstum. Nach 8 Jahren in Freyburg stand ein erneuter Umzug an. Mit Sanierung des ehemaligen Pferdestalls des Ritterguts auf dem Klostergelände aus dem Jahr 1862 und dem abermaligen Neubau einer Kellerei hat das Weingut seinen Sitz auf dem ehemaligen Gut in Zscheiplitz gefunden. Die gesamte Anlage wurde liebevoll restauriert, sodass nun in den warmen Monaten auch die Straußwirtschaft öffnet und ihre Gäste im Innenhof erwartet. Neben eigenen Weinen stehen Flammkuchen und mediterrane Häppchen auf der Karte. Gelassen kann man mit einem Gläschen Wein über das Gut schlendern. Vom Wasserturm im hinteren Bereich hat man einen wundervollen Blick über die Landschaft.

TIPP
Direkt neben dem Weingut gibt es einen Aussichtspunkt mit Blick auf das Kloster Zscheiplitz.

In dem stimmigen Ambiente des historischen Hofes auf dem Klostergelände hat das Weingut seinen perfekten Ort gefunden. Neben der Straußwirtschaft gibt es eine Vinothek und im ehemaligen Brunnenhaus wurden Ferienwohnungen eingerichtet. Das Weingut Pawis bewirtschaftet heute etwa 16 Hektar Rebfläche in verschiedenen Lagen. Bei einer vor Ort buchbaren Weinwanderung kann man einige davon erkunden. Unter anderem die Lage auf dem Schweigenberg. Hier wachsen die Reben für den Riesling R736. Der Name kommt nicht von ungefähr, denn man kann die Lage nur durch einen Anstieg über 736 Stufen erreichen. Aber der Aufstieg lohnt! Der Ausblick ist sensationell! Und der Riesling ist es auch!

- Weingut Pawis, Auf dem Gut 2, 06632 Freyburg OT Zscheiplitz, Tel. (03 44 64) 2 83 15, weingut-pawis.de
- ÖPNV: Haltestelle Zscheiplitz, Feuerwehr

Gutsverkauf
Weinprobe

Sagenhaftes Geländer

62

Stadtmauer an der Marienkirche in Freyburg

Die Freyburger Marienkirche mit ihren hohen Türmen wird oft als kleine Schwester des Naumburger Doms bezeichnet. Und tatsächlich weisen einige Bauelemente eine starke Ähnlichkeit auf. Besonders gut sieht man es am westlichen Turmpaar der Kirche, das den Osttürmen des Domes fast gleicht. Das prägnante Bauwerk wurde im 13. Jahrhundert an der östlichen Stadtgrenze errichtet. Noch heute wird der Kirchplatz zu einer Seite von der Stadtmauer mit einem Wehrgang und dem Stadtmauerturm begrenzt.

Um den Zugang zum Wehrgang sicher zu gestalten, sollte im Rahmen der Sanierung 2016 ein neues Geländer angebracht werden. Ursprünglich war nur eine einfache Ausführung vorgesehen, aber glücklicherweise entschied man sich doch anders. Das jetzige Geländer ist im wahrsten Sinne des Wortes sagenhaft. Denn es zeigt die Freyburger Edelacker-Sage: Landgraf Ludwig II. kam zu Ohren, dass seine Ritter und Edelmänner die Handelsleute und Bauern unterdrückten. Der Landgraf ging gegen das Raubrittertum vor und es kam zum Kampf. Daraufhin nahm er die Edelleute auf der Neuenburg gefangen. Zur Strafe für ihr Tun ließ er die ergriffenen Edelleute vor einen Pflug spannen und sie mussten den Acker mit ihrer Muskelkraft umpflügen. Deshalb spricht man noch heute in Freyburg vom Edelacker. Für das kunstvolle Geländer wählte man eine Darstellung aus einer gedruckten Überlieferung der Edelacker-Sage, die ihren Ursprung 1921 hat. In diesem Jahr ließ Freyburg eine Notgeldserie drucken. Der Künstler Walter Hege stellte darauf verschiedene Szenen der Sage mithilfe von Scherenschnitten dar. Wie auch im Original steht der dazugehörige Text in Frakturschrift auf dem Geländer. Da diese aber dem heutigen Auge oft nicht mehr geläufig ist, steht er nochmals in lateinischen Buchstaben auf einer Tafel an der Mauer. Das dunkle Geländer ist ein ganz besonderer Hingucker. Die feingliedrigen Details der Scherenschnitte kommen dabei besonders am Abend gut zur Geltung, wenn das Geländer von hinten beleuchtet wird.

TIPP

Auf keinen Fall sollte man einen Blick in die Kirche verpassen.

- Stadtmauer am Kirchplatz der Marienkirche, Kirchstraße 8, 06632 Freyburg
- ÖPNV: Haltestelle Kirchstraße oder Bahnhof Freyburg

sie wer
den ge
fangen
zur
Burg
geführt
und

Schäferwagenromantik

63 Outtour – Camping und Kanuverleih in Kirchscheidungen

Für alle, die einen Campingwagen oder ein Zelt nicht ihr Eigen nennen können und trotzdem eine Nacht in der Natur verbringen möchten, gibt es in Kirchscheidungen eine Alternative unter freiem Himmel. Direkt an der Unstrut stehen auf einem kleinen naturnahen Campingplatz von Outtour Aktivreisen zwei einladende Schäferwagen. Mit ihrem roten Anstrich, leuchtend weißen Fensterrahmen und Türen und Blumenkästen vor dem Fenster kommt ein wenig skandinavisches Flair mitten im Saale-Unstrut-Gebiet auf. Die beiden Schäferwagen stehen umsäumt von Bäumen mit Blick auf den Fluss. Gemütlich eingerichtet, bieten sie Platz für bis zu vier Personen. Es gibt drei Betten und auch die Sitzecke kann zu einer weiteren Schlafmöglichkeit umgebaut werden. Beide Wagen verfügen zusätzlich über eine kleine Terrasse, die den Wohnbereich nach draußen verlängert. Die nostalgischen Unterkünfte sind perfekt für eine kleine Auszeit. Was gibt es Schöneres, als am Morgen mit einem Blick in die Natur aufzuwachen. Besonders schön ist der Ausblick im Frühjahr, wenn die Apfelbäume in voller Blüte stehen. Ein weiteres Highlight auf dem Platz sind die vier Tipis. Sie sind nicht nur ein Hingucker, sondern versprechen auch ein besonderes Abenteuer für die ganze Familie, denn spätestens beim Lagerfeuer kommt Wildwestromantik auf. Aber auch wer mit Camper oder Zelt hier anreist, findet auf dem Campingplatz ideale Bedingungen. Es gibt keine Dauercamper, die sich einhausen und jeder kann seinen Platz frei, mit Rücksicht auf die anderen, wählen.

TIPP

Outtour Aktivreisen bietet auch einen Kanuverleih für Erkundungstouren auf der Unstrut an.

Auch um die kulinarische Versorgung muss sich hier niemand Gedanken machen: Morgens wird ein leckeres Frühstück angeboten, und ganz besonders zu empfehlen ist der reichhaltig gefüllte Picknickkorb. Mit der stärkenden Wegzehrung kann man es sich an der Unstrut bequem machen oder die Köstlichkeiten und die mitgelieferte Flasche Wein vom ortsansässigen Weingut Klaus Böhme direkt auf der Terrasse des Schäferwagens genießen.

- Outtour Aktivreisen, Zur Unstrut 55, 06636 Laucha OT Kirchscheidungen
outtour.de
- ÖPNV: Bahnhof Kirchscheidungen

Malerisches Ensemble

64

Die Dornburger Schlösser und Gärten

Hoch oberhalb der Saale grüßen die Dornburger Schlösser von einem steil abfallenden, schroffen Kalkfelsen herab. Obwohl alle drei aus unterschiedlichen Stilepochen stammen, bilden sie eine harmonische Einheit, die zu einem stimmungsvollen Bild verschmilzt. Am nördlichen Ende des Felsens steht das sogenannte „Alte Schloss" aus dem 16. Jahrhundert. Seine Grundmauern gehen auf eine mittelalterliche Burg zurück. Heute wird dieser Teil der Schlossanlage von der Jenaer Universität genutzt. Alles andere ist öffentlich zugänglich. Auch das Renaissanceschloss mit den markanten Giebeln, das im Süden das Areal begrenzt, stammt aus dem 16. Jahrhundert. Vor allem in dessen Bergstube und dem angrenzenden Schlafzimmer ist die Erinnerung an die Besuche von Goethe in Dornburg lebendig.

TIPP

Die Schlösser sind von April bis Oktober zugänglich, die Gartenanlage ganzjährig.

Diese beiden Schlösser bilden den Rahmen für das zierliche Rokokoschlösschen, das um 1740 als Lustschloss entstanden ist. Durch seine Lage am Hang wirkt es von vorn klein und zierlich, zum Tal hin entfaltet es seine ganze Pracht. Es beeindruckt durch die Farbenfreude und Verspieltheit der Räume. Alle drei Schlösser werden durch eine prachtvolle Parkanlage eingebunden, die 1824 durch den Hofgärtner Karl August Christian Sckell neu gestaltet wurde. Dabei entstanden unterschiedliche Gartenräume. Am Renaissanceschloss ist der Park ein Landschaftsgarten, der beim Rokokoschloss in einen verführerisch duftenden Rosengarten mit überwachsenen Laubengängen und farbenprächtigen Blumenrabatten übergeht. Die Gartenanlage ist durch Terrassengänge miteinander verbunden, an deren Seiten zahlreiche Rosen und andere Stauden blühen. Immer wieder wird man wie von magischer Hand zum Rand des Felsens gezogen, wo man den einmaligen Ausblick über das Tal genießen kann. Der Park ist zu jeder Jahreszeit ein wahres Idyll. Aber wenn im beginnenden Herbst der Nebel über dem Tal aufsteigt und die Blumen das letzte Mal ihre Farbenpracht zeigen, offenbart sich seine Schönheit auf eine ganz besondere Weise.

- Dornburger Schlösser, Max-Krehan-Straße 2, 07774 Dornburg-Camburg
  dornburger-schloesser.de
- ÖPNV: Haltestelle Dorndorf, Naschhausen oder Bahnhof Dornburg

Die Stadt der Kinderwagen

65 Das Kinderwagenmuseum im Schloss Moritzburg in Zeitz

Herzog Moritz von Sachsen-Zeitz ließ sich Mitte des 17. Jahrhunderts an der Stelle der ehemaligen Bischofsburg ein Schloss errichten. Der frühbarocke Bau mit seinem prägnanten Torhaus ist noch heute ein beeindruckendes Beispiel für die Residenzkultur in Mitteldeutschland. Die dreiflügelige Anlage beherbergt seit 1932 das Museum der Stadt Zeitz. Neben den höfisch eingerichteten Räumen befindet sich hier eine einmalig große Sammlung von Kinderwagen. Das kommt nicht von ungefähr, denn Zeitz gilt als Wiege der deutschen Kinderwagenindustrie. In keiner anderen Stadt gab es Ende des 19. Jahrhunderts bis ins 20. Jahrhundert hinein eine so umfangreiche Kinderwagenherstellung. Grund genug für den Zeitzer Heimatverein, um 1930 mit dem Sammeln von Kinderwagen zu beginnen und diese der Öffentlichkeit zu präsentieren.

Heute kann man die einzigartige Sammlung im Deutschen Kinderwagenmuseum im Schloss Moritzburg bewundern. Im Fokus stehen die Geschichten der Firma Naether, dem ersten Fabrikanten für Kinderwagen in Zeitz, und ZEKIWA, dem größten Produzenten in der DDR. Stellmacher Naether begründete Mitte des 19. Jahrhunderts mit seinem „Ziehwagen für Säuglinge" die deutsche Kinderwagenindustrie und expandierte zum größten Produzenten. In der liebevoll gestalteten Ausstellung kann man tief in die Geschichte der Kinderwagenproduktion in Zeitz eintauchen. Die großzügigen Ausstellungsräume präsentieren die wundervollen Kinderwagen teils offen, teils in Glasvitrinen entlang eines Zeitstrahls. Die Ausstellung verdeutlicht, wie sehr das Kinderwagendesign dem Zeitgeist unterliegt. So war der Kinderwagenbau in den 50er-Jahren sehr stark vom Automobil beeinflusst. Die Modelle hatten Zierleisten, Kotflügel, Radblenden und an einigen Wagen gab es sogar Rücklichter. Kaum zu glauben, aber es gab eine Zeit, da brauchte man für Kinderwagen ein Nummernschild. Wann das war, erfährt man in der Ausstellung.

TIPP

In unmittelbarer Nähe zum Schloss befindet sich der sehenswerte Zeitzer Dom.

- Deutsches Kinderwagenmuseum im Schloss Moritzburg, Schloßstraße 6, 06712 Zeitz, museum-moritzburg-zeitz.de
- ÖPNV: Haltestelle Brühlcenter

16 67
DEUTSCHES KINDER
WAGENMUSEUM
Schloss
Moritzburg

Plüsch und Bauhaus

66

Die Museumswohnung in Bad Dürrenberg

Von 1927 bis 1931 entstand in Bad Dürrenberg eine Wohnsiedlung zwischen Tradition und Moderne. Mit Alexander Klein und Walter Gropius wurden zwei Architekturgrößen der Zeit engagiert, die beide als Vordenker in Wohnungsfragen galten. Allerdings zog sich Gropius 1929 von dem Projekt zurück, da man in Bad Dürrenberg seine Idee des Flachdaches nicht umsetzen wollte. Das Siedlungsensemble besticht durch eine durchdachte Gestaltung der Grünflächen und die symmetrische Anordnung der Häuser. Fast alle Häuserzeilen verlaufen in Nord-Süd-Ausrichtung, um optimale Lichtverhältnisse in den Wohnungen zu gewährleisten.
In den Laubenganghäusern hat die Wohnungsgesellschaft Leuwo eine Museumswohnung eingerichtet. Die 42 Quadratmeter große Wohnung ist der kleinste Wohnungstyp in der Siedlung. Sie ist funktional und praktisch aufgeteilt. Eine kleine quadratische Küche mit einer Durchreiche ins Wohnzimmer, dieses ist mit dem Schlafzimmer durch eine platzsparende Schiebetür verbunden. Hieran schließt wiederum das kleine Bad an, das man sowohl vom Flur als auch vom Schlafzimmer aus betreten kann. In den Zimmern befinden sich mehrere für das Bauhaus typische Einbauschränke. Nach Kleins Vorstellung sollten die Bewohner so wenig eigene Möbel wie möglich mitbringen und sich für eine klar strukturierte Einrichtung entscheiden. Fotos dokumentieren seine Idee davon. Tatsächlich brachten die zukünftigen Bewohner aber ihre großen schweren Möbel mit. Um die Funktionalität der Wohnung zu erhalten, richtete Klein eine Werkstatt ein, in der Mieter ihre mitgebrachten Möbel anpassen lassen konnten. Die Museumswohnung macht den Widerspruch zwischen Tradition und Moderne sichtbar. In einer funktional geschnittenen Wohnung stehen schwere Möbel, denn so wünschten die Menschen damals zu wohnen. Die kleine Wohnung ist ein authentisches Zeugnis, man hat das Gefühl, in einer Zeitkapsel in die 1930er-Jahre zu reisen.

TIPP

Der Wasserturm der Siedlung verfügt über eine Aussichtsplattform mit Blick über die Gartenstadt.

● Museumswohnung in der Alexander-Klein-Siedlung, Thomas Müntzer-Straße 6 h, 06231 Bad Dürrenberg, Tel. (0 34 62) 9 99 20 (nur nach Anmeldung)
● ÖPNV: Bahnhof Bad Dürrenberg oder Haltestelle Markt

Botanisches Kunstwerk

67 Auerworldpalast in Auerstedt

Hört man das Wort Palast, denkt man unweigerlich an ein großes, luxuriöses Gebäude inmitten einer weitläufigen Gartenanlage. Der Auerworldpalast in Auerstedt hingegen hat mit einem herkömmlichen Palast nur das Gartengrün gemeinsam. Er ist vollständig aus Weidenruten erbaut.

Seine Geschichte reicht in das Jahr 1998 zurück. Damals entwarfen der Schweizer Architekt Marcel Kalberer und die Gruppe „Sanfte Strukturen" den außergewöhnlichen Bau als Beitrag zur Kulturhauptstadt Weimar 1999. Zahlreiche Freiwillige aus ganz Europa halfen, den grünen Palast zu bauen. Mit einem Durchmesser von 25 Metern ist er eines der größten Weidenbauprojekte und stand mittlerweile Pate für zahlreiche Folgebauten weltweit. Er löste einen wahren Weidenbauboom aus. Beim Bau des Palastes wurden geschnittene und gebundene Ruten der Kopfweide in die Erde gesteckt. Die Bündel ergeben eine mehrfach verstrebte Rundbogenkonstruktion, die von oben gesehen an ein Mandala erinnert. In der Mitte befindet sich eine Kuppel. Kalberer ließ sich von den Mudhif-Bauten aus geflochtenem Schilf inspirieren, wie sie bereits vor 5000 Jahren in Mesopotamien erbaut wurden. Schon kurze Zeit nach dem Anpflanzen schlagen die Ruten Wurzeln und jedes Jahr treiben sie neu aus. Somit entsteht ein lebendes Bauwerk, das sich ständig verändert. Im Frühjahr bekommen die Weiden eine neue Frisur, indem sie gestutzt und in Form gebracht werden. Jahr für Jahr wächst der Palast dichter zusammen. Der Auerworldpalast verbindet auf seine ganz besondere Weise Natur und Baukunst. Er ist ein Ort der Ruhe und Einkehr, aber auch der Geselligkeit, denn das stabile Rundbauwerk dient regelmäßig als Konzert- und Veranstaltungsort. Das alljährliche Auerworld-Festival mit seiner Mischung aus Musik, Workshops und handwerklichen Angeboten lockt zahlreiche Besucher an. Egal ob beim fröhlichen Miteinander oder ob in einsamer Stille – der Auerworldpalast strahlt eine faszinierende Magie aus.

TIPP

Im Schloss Auerstedt kann man nicht nur gut essen, sondern auch übernachten.

- Auerworldpalast, Am Auerworldpalast (hinter dem Sportplatz), 99518 Bad Sulza OT Auerstedt, auerworld.com
- ÖPNV: Haltestelle Auerstedt

Was das Herz begehrt

68 Quippini – Laden & Café in Langendorf

Mitten in der dörflichen Idylle von Langendorf ist ein wahres Kleinod zu entdecken. Weitab vom Lärm der Großstadt befindet sich in einem alten Fachwerkhof aus dem 18. Jahrhundert das Quippini – ein Laden mit einem integrierten Café. Im ehemaligen Stallgebäude des Hofes ist eine eigene kleine Welt entstanden, die jeden Besucher verzaubert. Man weiß gar nicht, wo man zuerst hinschauen soll. Im Laden im hinteren Bereich des Gebäudes findet sich eine Vielzahl liebevoll zusammengestellter Dinge, die das Heim schöner machen. Es dominieren skandinavischer Chic und romantischer Landhausstil. Das handverlesene Sortiment ist bezaubernd arrangiert. Wundervolle Kissen, Decken, Kleinmöbel, Geschirr, Gläser, herrlich duftende Seifen und allerlei schöner Krimskrams findet sich hier. Man kann sich kaum sattsehen an all den schönen Dingen. Kein Wunder, dass Frauen hier gern längere Zeit verbringen, denn sich zu entscheiden, fällt gar nicht so leicht. Und damit die Männer nicht Füße scharrend danebenstehen, ist schon bald nach Eröffnung des Ladens die Idee entstanden, auch ein gemütliches Café einzurichten. Es befindet sich im Eingangsbereich des Stallgebäudes. Bei gutem Wetter bietet der wunderschöne Innenhof ein lauschiges Plätzchen. Auf die Gäste warten leckerer Kaffee und selbst gebackene Kuchen und Torten, für die das Obst meist aus eigenem Anbau stammt. Natürlich darf auf der Karte regionaler Wein nicht fehlen. Die ruhige und gemütliche Atmosphäre im Quippini lädt zum entspannten Stöbern, Verweilen und Genießen ein. Ein Ort, der glücklich macht.

Besonders beliebt sind die Hoffeste, die dreimal im Jahr Publikum von nah und fern anziehen. Das Frühlingserwachen 14 Tage vor Ostern, das Sommerfest im August und die Adventsimpressionen am ersten Advent sind bei vielen Gästen fest im Kalender vermerkt.

TIPP

Sehenswert ist auch die Langendorfer Kirche, die zwischen 1146 und 1186 erbaut wurde.

- Quippini, Luckaer Straße 17, 06729 Elsteraue OT Langendorf
quippini.de
- ÖPNV: Haltestelle Langendorf

INGANG

In Stein gehauen

69 Das Steinerne Album in Großjena

Im Blütengrund bei Großjena erwartet die Besucher mit dem Steinernen Album (auch Steinernes Bilderbuch genannt) ein Kunstwerk, das in seiner Art einmalig ist. Es ist eines der ungewöhnlichsten Denkmäler, das man dem Wein jemals gesetzt hat.

Auf einer Strecke von circa 150 Metern wurden zwölf überlebensgroße Bildreliefs in die Sandsteinterrassenmauer inmitten des heutigen Klinger-Weinbergs gehauen. Zu verdanken ist dies dem Juwelier Johann Christian Steinauer. Als Hoflieferant von Christian II. von Sachsen-Weißenfels kam er zu ansehnlichem Reichtum. 1720 erwarb er einen Weinberg im Blütengrund, damals ein Statussymbol der wohlhabenden Bürgerschaft in Naumburg. Aus Dankbarkeit gegenüber dem Herzog, dem er letztlich seinen sozialen Aufstieg zu verdanken hatte, ließ er 1722 zu dessen 10-jährigem Thronjubiläum die Reliefs in den Stein hauen. Zur Finanzierung des Vorhabens gründete er eine Stiftung, an der sich mehrere Bürger Naumburgs, aber auch aus anderen Regionen beteiligten. Der Künstler des Reliefs ist unbekannt, aber sein gewaltiges Werk zeugt von seinen Fertigkeiten. Zehn Bilder zeigen biblische Szenen, die mit dem Weinbau verbunden sind. Noah als erster Weinbauer, Christus in der Kelter, die Hochzeit zu Kanaa, bei der Jesus Wasser in Wein verwandelte, Josua und Kaleb, die eine schwere Weintraube tragen oder auch das Gleichnis der Arbeiter im Weinberg. Zwei weitere Reliefs huldigen Herzog Christian mit der Szene einer Fuchsjagd und einem Reiterstandbild. So wurde der Weinberg zu einer barocken Bühne für den Herzog, die auch heute noch die Blicke auf sich zieht. Die Bildreliefs werden jeweils auf einer kleinen Tafel erklärt. Da der Zahn der Zeit kräftig an dem Sandstein nagte, wurde dieser bis zum Jahr 2000 mit 3.000 Litern Steinfestiger aufwendig gesichert. Das Steinerne Album lässt sich am besten bei einem Spaziergang durch den idyllischen Blütengrund erkunden, die Weinberge auf der einen, die Unstrut auf der anderen Seite.

TIPP
Unweit des Steinernen Albums liegt eine Fähre an der Saale-Unstrut-Mündung.

- Steinernes Album, Blütengrund, 06618 Naumburg OT Großjena
- ÖPNV: Bahnhof Kleinjena (ca. 25 Minuten Fußweg)

Wellness auf dem Wasser

70

Das Saunafloß vom Mammut Floßverleih

Am Geiseltalsee wartet auf Saunafans ein ganz besonderes Erlebnis. Beim Mammut Floßverleih kann man für 4 Stunden ein Saunafloß mieten, für das man keinen Bootsführerschein benötigt. Es ankert in der Marina in Mücheln. Von hier aus kann man zu einem Abenteuer aufbrechen, bei dem Naturerlebnis und Wellness aufs Feinste miteinander verbunden sind. Das Floß ist mit einem 15 PS starken Motor ausgestattet. Nach einer kurzen Einweisung geht es los. Gemütlich schippert das komfortable Floß über den See. Eigentlich handelt es sich um eine schwimmende Saunahütte, die für bis zu acht Personen Platz bietet. Der untere Bereich besteht aus einer finnischen Sauna und einem Ruhebereich. Hier ist voll und ganz Entspannung angesagt. Das Holz im Saunaofen knistert und das Floss tuckert langsam über den See. Während des Saunierens schaut man durch die großen Panoramafenster und erfreut sich an der einzigartigen Landschaft. Der Blick über das Wasser hin zum Ufer ist einmalig schön. Das sanfte Schaukeln des Floßes hat eine zusätzlich beruhigende Wirkung. Besonders romantisch sind die Abendfahrten, wenn die Sonne über dem See untergeht. In der kalten Jahreszeit ist man ganz allein auf dem großen See und kann die absolute Stille genießen. Zur Abkühlung geht es nach dem Saunagang unter die große Dusche, die außen an der Hütte angebracht ist oder man springt einfach beherzt in den See.

Wer gerade nicht saunieren möchte, macht es sich auf dem großen Sonnendeck gemütlich, kann den Grill anwerfen und Forellen auf dem Rost braten. Sie stammen von der ortsansässigen Forellenanlage Schmidt, die auch ein Restaurant an der Marina betreibt. Die Forellen können zusätzlich zum Floss gebucht werden. Der Mammut Floßverleih bietet außerdem noch ein Badefloß, einen Sunchaser sowie die Adventurefloße an. Auf ihnen kann man auch auf dem Wasser übernachten. Für jedes Abenteuer also das passende Floß.

TIPP

Nach dem Saunieren bietet sich ein Abstecher in den Barockgarten Mücheln an.

● Mammut Floßverleih, Hafenplatz 6 (Marina), 06249 Mücheln
mammutfloss.de
● ÖPNV: Bahnhof Mücheln Stadt

Die Welt der Pharmazie

71 Das Museum der Löwen-Apotheke in Naumburg

Tritt man in die traditionsreiche Löwen-Apotheke in Naumburg, fühlt man sich in eine andere Zeit versetzt. Hier kann man seine Medikamente inmitten der historischen Ausstattung der Offizin erhalten. Aber die Apotheke hat noch eine weitere Besonderheit zu bieten. Im Laufe der Jahre ist im Haus ein Apothekenmuseum entstanden. Zu erzählen gibt es eine Menge, denn die Apotheke blickt auf eine lange Geschichte zurück. Ihre erste Erwähnung stammt aus dem Jahr 1510. Sie befand sich auf dem Gelände des heutigen Amtsgerichts am Markt 7. Im Jahr 1614 bezog der damalige Inhaber Pankratius Wolff das heutige Gebäude am Markt 2. Seit 1820 war die Apotheke in Besitz der Familie Tuchen und ab 1903 übernahm Dr. Emil Dencks die Apotheke, dessen Nachfahren sie bis heute führen.

TIPP
Ein Besuch ist nur nach Voranmeldung möglich.

Die wenigen Besitzerwechsel seit dem 19. Jahrhundert haben sich als Glücksfall erwiesen, denn dadurch ist eine Vielzahl an Gefäßen, Büchern, historischen Etiketten und pharmazeutischen Arbeitsgeräten erhalten geblieben. Sie bilden den Grundstock für dieses einmalige Privatmuseum, das sich heute über mehrere Etagen ausbreitet. In den 30er-Jahren wurde ein Neubau von Arbeitsräumen notwendig. Dadurch ergab sich 1934/35 die Gelegenheit, in einem der frei gewordenen Räume einen ersten Sammlungsraum einzurichten. In dem Gewölberaum kann man heute noch die historischen Laborgeräte und Destillationsapparate bestaunen. Nach 1990 baute der Vater des heutigen Inhabers die Sammlung, die bis in die DDR-Zeit reicht, weiter aus. Das Museum gewährt außerordentlich informative Einblicke in die Apothekengeschichte und in die Herstellung von Arzneimitteln. Detailliert erfährt man, wie der Apotheker früher Medikamente herstellte und warum ihm diese Tätigkeit den Namen des Pillendrehers eintrug. Besondere Schmuckstücke sind die Laboreinrichtung, die das chemisch-analytische Arbeiten anschaulich macht, sowie die Materialkammer im Obergeschoß. Das spannende Museum verbindet Familien- und Apothekengeschichte wunderbar miteinander.

● Löwen-Apotheke, Markt 2, 06618 Naumburg
loewen-apotheke-naumburg.de
● ÖPNV: Haltestelle Markt

Baccae
Lauri
pulv
FRESSPULVER

Romanisches Kleinod

72

Die Kirche in Schkauditz

Im Dörfchen Schkauditz unweit von Wetterzeube befindet sich eine außergewöhnliche Kirche. Hoch oben auf einer Anhöhe scheint sie den kleinen Ort zu bewachen. Dabei ist sie mit ihren über 900 Jahren viel älter als Schkauditz selbst. Die romanische Kirche stammt aus dem 12. Jahrhundert und ist damit eine der ältesten der Region. Wahrscheinlich wurde sie im Zuge des Klosterbaus zu Posa errichtet. Dafür spricht der in der mitteldeutschen Region eher seltene, sehr gut erhaltene Hirsauer Fries an der Kirche. Denn der erste Bau der Klosterkirche 1114 in Posa geht ebenfalls auf Hirsauer Mönche zurück. Sie wurden von Bischof Dietrich I. mit dem Bau beauftragt. Schnell gewann das Kloster an Einfluss in der Region, in dieser Zeit entstanden rund um Zeitz mehrere romanische Kirchenbauten. Auch wenn der Kirchenbau im Laufe der Jahre mehrfach verändert wurde, sieht man ihm den romanischen Ursprung noch deutlich an. Die halbrunde Apsis fasziniert den Besucher bereits von außen und zeugt von der hohen Handwerkskunst, mit der die Kirche errichtet wurde. Im Inneren beeindruckt nicht nur die Ladegastorgel, sondern auch der spätgotische Altar, der den ottonischen Kaiser Heinrich II. und seine Frau Kunigunde als Heilige zeigt. Individuelle Führungen werden nach Voranmeldung durch den Schkauditzer Heimat- und Kirchenverein durchgeführt.

TIPP

In Schkauditz sind noch Reste des alten Floßgrabens erhalten.

Die kleine Kirche lädt zum Verweilen ein, von hier aus kann man seinen Blick über das malerische Tal der Weißen Elster schweifen lassen. Durch die erhöhte Lage bietet sich eine wundervolle Aussicht übers Land. Weitere romanische Kirchen in der Umgebung, die eng mit dem Klosterbau in Posa in Verbindung stehen, befinden sich Ostrau, Hassel, Aue-Aylsdorf und in Gleina. Letztere beeindruckt mit ganz besonderen Fresken. Die Kalkmalerei, die im oberen Teil Christus als Weltenrichter zusammen mit Maria und Johannes zeigt, darunter die Apostel, stammt noch aus dem 12. Jahrhundert. Was für ein Glück, dass sie all die bewegten Zeiten überstanden haben.

● Kirche Schkauditz, Dorfstraße 11 a, 06722 Wetterzeube OT Schkauditz
schkauditz.jimdofree.com
● ÖPNV: Haltestelle Schkauditz

Ein Hoch auf die Milbe

73 Der Würchwitzer Milbenkäse

Wer durch das kleine Dorf Würchwitz fährt, kommt direkt an einem großen Sockel mit einer riesigen Milbe vorbei. Ja, richtig gelesen, hier hat man der Milbe ein Denkmal aus edlem Carrara-Marmor gesetzt. 2001 wurde es vom Künstler Christian Späte gefertigt und ziert seitdem eine kleine Dorfwiese. Die Milbe verehrt man hier aus gutem Grund, denn Würchwitz ist gleichzeitig die Heimat des Milbenkäses. Die Käseherstellung hat in dem Ort eine lange Tradition, schon Martin Luther schätzte ihn. Die Entstehung dieses besonderen Käses hat einen naheliegenden Grund: Immer wieder kam es in den vergangenen Jahrhunderten zu einem Befall des Käses durch Milben. So hat man einfach aus der Not eine Tugend gemacht und mit ganz speziellen Milben diesen Käse geschaffen.

In den 1970er-Jahren wäre die Tradition des Milbenkäses beinahe ausgestorben. Nur eine Frau im Dorf beherrschte noch seine Herstellung, ein offizieller Verkauf war aufgrund des damaligen Lebensmittelgesetzes untersagt. Aber der Biologie- und Chemielehrer Helmut Pöschel nahm sich der Tradition an und führt sie bis heute fort. Der Milbenkäse wird nach einem streng geheimen Rezept aus Kuh-, Schaf- und Ziegenmilch hergestellt. Kümmel, Salz und Holunderblüten kommen als Gewürze hinzu. Nun kommt der Käse in eine Kiste mit Millionen Milben. Sie sind circa 0,3 Millimeter klein und mit bloßem Auge nicht zu erkennen. Aber dafür steht in der Manufaktur und dem kleinen Museum ein Mikroskop bereit. Dort kann man das muntere Treiben bestaunen. Die Milben ernähren sich vom Käse und mithilfe der Ausscheidungen wird er fermentiert. Damit die Milben aber nicht den gesamten Käse essen, wird ihm Roggenmehl dazugegeben. Während der Reifezeit verändert der Käse seine Konsistenz und wird immer kräftiger im Geschmack. Helmut Pöschel hat in seiner kleinen Manufaktur ein ebenso kleines Museum eingerichtet. Es ist voll mit Geschichten, denn zu erzählen gibt es viel. Immerhin sind die Milben schon auf die internationale Raumstation ISS geflogen.

TIPP

Nicht verpassen sollte man den Besuch des Wein- und Sektguts Hubertus Triebe in Würchwitz.

● Würchwitzer Milbenkäse Manufaktur, Sporaer Straße 8, 06712 Zeitz OT Würchwitz, milbenkaese.de
● ÖPNV: Haltestelle Würchwitz

Ein Turm ohne Tür

74

Die Burg Haynsburg

Inmitten des kleinen Ortes Haynsburg steht die gleichnamige Burg. Sie taucht recht unvermutet auf und man könnte fast an ihr vorbeifahren, denn von außen erinnert das Anwesen eher an einen großen Hof. Doch ein Stopp lohnt sich. Die romanische Burg wurde 1185 erbaut. Sie diente zum Schutz des Kaiserlichen Bannforstes zu Kayna, zur Kontrolle der nahen Elsterfurt und zur Sicherung der Handelsstraße. Ihre Besitzer wechselten oft. Im 14. Jahrhundert kam sie in den Besitz der Bischöfe von Naumburg. Sie hatten für die Burg allerdings keine wirkliche Verwendung, sodass sie im 15. Jahrhundert als Landgut genutzt wurde. In erster Linie erfolgte die Versorgung der Bischofsresidenz Zeitz über die Haynsburg. Aber trotzdem wollte keine Ruhe einkehren. Mit der Reformation wurde die Burg kursächsisch, später preußisch und danach schließlich Volkseigentum. Immer wieder wurde sie landwirtschaftlich genutzt. 1990 ging die Burg in den Besitz der Gemeinde Haynsburg über. Nach und nach wurde sie zum touristischen Ausflugsziel umgestaltet. Neben einem Kindergarten, der den fröhlichen Namen Burgmäuse trägt, betreibt der Heimatverein hier auch ein kleines Museum.

TIPP

In der urigen Burgschänke kann man sich für die Wanderung stärken.

Auf keinen Fall sollte man den Aufstieg auf den gewaltigen Bergfried verpassen. Immerhin misst der Turm eine Höhe von 25 Metern, das garantiert einen herrlichen Blick über das Elstertal. Was für ein Glück, dass man 1880 in die mehr als vier Meter dicken Mauern eine Öffnung für eine Tür gebrochen hat. Bis zu dieser Zeit besaß der Turm außer Licht- und Luftlöchern keine Öffnungen. Ein Zugang war nur über Strickleitern möglich, das garantierte im Notfall eine sichere Zuflucht. Da ist heute der Weg über die Treppe doch wesentlich bequemer. Die Haynsburg liegt landschaftlich sehr reizvoll, sie ist so etwas wie das Tor zum Zeitzer Forst. Gleich mehrere Rundwanderwege führen hier vorbei, sodass die Burg der perfekte Ausgangspunkt für Touren in die Umgebung ist. Entlang der Hügellandschaft ergeben sich immer wieder schöne Blicke ins Elstertal.

● Burg Haynsburg, Burgstraße 10, 06722 Wetterzeube OT Haynsburg
● ÖPNV: Haltestelle Haynsburg

Eine Welt aus Plüsch

75

Erlebniswelt Kösener Spielzeug

1912 zog die Familie von Käthe Kruse von Berlin nach Bad Kösen. Sie verlegte auch ihre damals schon weltweit bekannte Puppenmanufaktur in die Stadt an der Saale und legte damit den Grundstein für die bis heute hier existierende Produktion. 1949 verließ Käthe Kruse Bad Kösen Richtung Donauwörth. Der Standort aber blieb erhalten und man produzierte weiterhin Puppen. Kurze Zeit später kamen die ersten Plüschtiere hinzu. 1960 wurde auf der Leipziger Messe das erste Plüschtier – eine Gans – präsentiert. Die plüschigen Gesellen eroberten schnell die Kinderzimmer und verdrängten nach und nach die Puppenproduktion, bis diese 1964 gänzlich eingestellt wurde. Fortan produzierte man unter der Bezeichnung VEB Kösener Spielzeug.

Die Beliebtheit der Plüschtiere ist nicht zuletzt auf das wunderbare Design zurückzuführen, das über viele Jahre in enger Zusammenarbeit mit der Kunsthochschule Burg Giebichenstein in Halle entstanden ist. Wie für viele andere Unternehmen brachte die Wende große Veränderungen für den Betrieb. Seine Abwicklung stand bereits fest, da entschloss sich der Bauunternehmer Dr. Schache eine Viertelstunde vor Fristablauf, die Firma zu kaufen. Heute erfreuen die Kösener Plüschtiere Kinder und Sammler aus aller Welt. Markenzeichen ist ihre besondere Natürlichkeit. Unzählige Naturstudien gehen dem ersten Modell voraus. Kein Wunder, dass die Tiere so echt aussehen. Man muss die kuscheligen Wesen einfach ins Herz schließen. Sie bestehen aus bis zu 100 Einzelteilen und werden von Hand zusammengenäht. Überzeugen kann man sich davon in der Gläsernen Manufaktur mitten in der Stadt. Hier ist in den letzten Jahren mit dem Werksverkauf, einem Firmenmuseum und dem Hotel Mutiger Ritter eine komplette Erlebniswelt entstanden. Ein ganz besonderes Erlebnis wartet im Werksverkauf, denn hier können sich große und kleine Besucher ein eigenes Plüschtier fertigen. Was gibt es Schöneres, als ein selbst gebasteltes Plüschtier mit nach Hause zu nehmen.

TIPP

Im Romanischen Haus kann man eine Käthe-Kruse-Puppensammlung bewundern.

- Erlebniswelt der Kösener Spielzeug Manufaktur, Rudolf-Breitscheid-Straße 2, 06628 Naumburg OT Bad Kösen, koesener.de
- ÖPNV: Haltestelle Bad Kösen, Kaufhalle oder Bahnhof Bad Kösen

KÖSEN

Zwiebelturm und Sole

76 Der Kurpark von Bad Sulza

Der historische Kurpark von Bad Sulza zeugt von der langen Tradition der Stadt als Heilbad. Die Gründung des Kurbades soll auf einen Besuch Goethes im Jahr 1828 zurückgehen, der dieses Potenzial erkannt hatte und den Kurbetrieb empfahl. 1847 war es so weit und ein erstes Solebad öffnete seine Türen. Heute lädt die weitläufige Parkanlage vor allem zum Schlendern ein. Hier kann man den Alltag endlich einmal vergessen und in aller Ruhe ausspannen.
Ein besonders attraktives Gebäude im Park ist das historische Inhalatorium aus dem Jahr 1903. Schon von Weitem fällt seine prägnante Architektur auf. Besonders die für die Region nicht gerade typischen Zwiebeltürmchen ziehen dabei die Blicke auf sich. Insbesondere begeistert der Fachwerkbau durch seinen Detailreichtum. Einige der Fachwerkstreben sind mit Schnitzereien verziert, andere sind geschwungen. Die Einrichtung war zu ihrer Entstehungszeit mit den damals neuesten Geräten zur Inhalationstherapie ausgestattet. Neben den Behandlungszimmern gab es eine Wartehalle und ein Lesezimmer. Schnell wurde das Haus gesellschaftlicher und kultureller Mittelpunkt des Ortes. Daran knüpft die heutige Nutzung als Tourist-Information und Bibliothek an. Es ist immer noch eines der Wahrzeichen der Stadt. Und wie es sich für eine richtige Kurstadt gehört, hat man auch einen Kurschatten. In Bad Sulza sitzt er direkt vor dem Inhalatorium und wartet auf die Gäste. Die Quelle, aus der das historische Inhalatorium mit Sole gespeist wurde, ist die Carl-Alexander-Sophienquelle. Benannt wurde sie nach dem Großherzoglichen Paar des Fürstenhauses Sachsen-Weimar-Eisenach, die sich besonders für soziale Belange in Bad Sulza einsetzten. Noch heute sprudelt die Quelle in der gegenüberliegenden Trinkhalle. Der prägnante Jugendstilbau aus dem Jahr 1910 erstrahlt nach seiner Sanierung wieder in alter Pracht. Direkt vor der schönen Halle kann man sich auf den Bänken mit einem Glas Sole niederlassen und seine Blicke über die einladende Parkanlage schweifen lassen.

TIPP

Im Restaurant „Am Schwanenteich“ kann man mit Blick auf den Park gemütlich einkehren.

- Tourist-Information im Kurpark, Kurpark 2, 99518 Bad Sulza
- ÖPNV: Haltestelle Kirchstraße

Inhalatorium
Kurschatten

Tischlein deck dich

77

Café zum Esel in Wetterzeube

Idyllisch am Elsterfloßgraben in Wetterzeube, in unmittelbarer Nähe zum Wehr der Weißen Elster und der alten Mühle, befindet sich das Café zum Esel. Einen Esel gibt es hier allerdings schon lange nicht mehr, vielmehr ist der Name eine Reminiszenz an den ehemaligen Gasthof „Zum Esel", der einst an diesem Ort Gäste bewirtete.

Als Alexandra Gey-Barth zusammen mit ihrem Mann Mathias Barth die alte Wirtschaft auf der Suche nach einem neuen Heim entdeckte, war schnell klar, dass es mehr als nur ein Ort zum Wohnen werden soll. Aber sicherlich brauchte man einiges an Mut und Fantasie, denn wo man heute genüsslich speisen kann, gab es nur Ruinen. Von den ehemaligen Stallungen und der einstigen Kegelbahn standen nur noch die Außenwände und der Boden war zur Wiese geworden. Mittlerweile ist der lang gezogene Gebäudetrakt ein wahres Schmuckstück. Durch die großen Industrie-Glasfenster scheint die Sonne und diese lässt den Raum hell und freundlich wirken. Die Einrichtung lässt jeden Vintageliebhaber erstrahlen. Tische, Stühle und das bunt zusammengewürfelte Geschirr unterstreichen wunderbar den Charakter des Cafés, das mittlerweile weit mehr als nur ein Geheimtipp ist. Wanderer, Radfahrer und Einheimische kommen gern hier vorbei und genießen neben der Gastfreundschaft die hausgemachten Leckereien. Bei den leckeren Kuchen und Torten fällt die Auswahl schwer, aber auch die herzhaften Speisen sind eine Versuchung wert. Besonderer Beliebtheit erfreut sich der Ziegenkäseteller mit karamellisierten Zwiebeln und Birnen. Der Ziegenkäse stammt übrigens vom nahe gelegenen Ziegenhof in Schleckweda. Dazu kann man ein Glas Saale-Unstrut-Wein aus der direkten Umgebung genießen. Die Weinhänge vom Weingut Seeliger sind nur wenige Kilometer entfernt.

Das Café bietet 35 Personen Platz, eine Reservierung sei deshalb unbedingt empfohlen. In den warmen Monaten lädt zusätzlich der Freisitz zum Verweilen ein. Dort wird im Sommer der Steinofen angeheizt und dann stehen leckere Pizzen auf der Karte.

TIPP

Vom Café aus kann man zu einer Wanderung durch das malerische Elstertal aufbrechen.

● Café zum Esel, Mühlendamm 8, 06722 Wetterzeube, Tel. (01 57) 86 21 47 06
cafe-zum-esel.de
● ÖPNV: Bahnhof Wetterzeube

Hogwartsfeeling

78 Ehemaliges Kloster Schulpforta

Ein historisches Kleinod befindet sich in Schulpforta. Schon von Weitem wird einem von dem lang gestreckten Kirchenschiff und dem Turm der Weg gewiesen. Bereits 1137 gründeten die Zisterzienser hier ein Kloster, dessen Charakter sich im Wesentlichen bis in die Gegenwart erhalten hat. Im Zuge der Reformation wurde der Klosterbetrieb eingestellt. In den säkularisierten Gebäuden gründetet Herzog Moritz von Sachsen, der spätere Kurfürst, 1543 eine Landesschule zur Förderung begabter Kinder, unabhängig von ihrer Herkunft. Ein Programm, das heute noch die Grundlage für den hiesigen Schulbetrieb darstellt. Schulpforta ist eine der ältesten staatlichen Schulen Deutschlands. Die Liste der berühmten Persönlichkeiten, die hier die Schulbank gedrückt haben, ist lang: Erwähnt seien nur Nietzsche, Klopstock und Fichte.

Im 19. Jahrhundert nannte man die Internatsschule das deutsche Eton. Das ganze Areal atmet förmlich Geschichte. Auch heute noch können begabte Schülerinnen und Schüler hier ihr Abitur ablegen. Trotz des Schulbetriebs ist das Gelände öffentlich zugänglich. Man fühlt sich hier fast wie in Hogwarts. An trüben Spätsommer- oder Herbsttagen verstärkt sich der mystische Eindruck noch, wenn sich die Sonne nicht durchkämpfen kann und der Nebel an den Hängen hinaufsteigt.

TIPP

Direkt neben dem Torhaus befindet sich das Weingeschäft des Landesweinguts Kloster Pforta.

Umgeben von historischen Klostermauern laden der prächtige gotische Kirchenbau, die spätromanische Kapelle und der weitläufige Garten zum Eintauchen in die Vergangenheit ein. Der alte Baumbestand verleiht dem parkähnlichen Schulgarten ein romantisches Flair. Der Park ist eine Oase der Ruhe. Einer der schönsten Bäume ist die riesige alte Platane, die um 1825 gepflanzt wurde. Eine weitere Attraktion wurde am Besucherzentrum geschaffen. Mit dem Küchen- und Arzneipflanzengarten sowie dem Rebgarten will man an die Wein- und Obstbautradition der Zisterzienser erinnern. Den Rundgang durch das altehrwürdige Kloster kann man allein machen oder sich am Wochenende und an Feiertagen einer Führung anschließen.

● Besucherzentrum der Stiftung Schulpforta, Schulstraße 22, 06628 Naumburg OT Schulpforte, Tel. (03 44 63) 48 99 30, stiftung-schulpforta.de
● ÖPNV: Haltestelle Bad Kösen, Schulpforte

Ein Garten mit Wappen

79

Das Rathaus von Zeitz

Direkt am Altmarkt steht das Rathaus von Zeitz. Es blickt auf eine lange Geschichte zurück. Der erste Teil des Baus wurde von 1505 bis 1509 im spätgotischen Stil errichtet. Die Seite zum Markt ist mit einer großen Freitreppe ausgestattet, besonders auffällig sind die reich verzierten Zwerchhäuser und die Treppengiebel an den Seitenwänden. Die Gestaltung der Treppengiebel hat eine auffällige Ähnlichkeit mit dem Mittelgiebel des berühmten Breslauer Rathauses, das gut 10 Jahre früher errichtet wurde.

Mit der aufstrebenden industriellen Entwicklung von Zeitz um 1900 und dem damit verbundenen Bevölkerungswachstum erwies sich das Rathaus als zu klein; man entschied sich für einen Erweiterungsbau im Stil des Neobarocks. Damals entstand auch der Rathausturm mit einer Höhe von 52 Metern. Er kann nach Absprache, zum alljährlichen Zuckerfest oder am Tag des offenen Denkmals besichtigt werden. Der Aufstieg lohnt auf jeden Fall, da man von ihm aus einen fantastischen Blick über die Stadt hat. Auf der marktabgewandten Seite des Rathauses wartet ein idyllischer Ort auf seine Besucher. Wenn man den Innenhof des Rathauses durchquert, gelangt man in den wunderbaren Rathausgarten. Umrahmt von den Bäumen springt in der parkähnlichen Anlage das große Stadtwappen ins Auge: Auf blauem Untergrund besiegt in silberner Rüstung der Erzengel den Drachen. Dahinter befindet sich noch ein Stück der mittelalterlichen Stadtmauer mit gut erhaltenem Wehrgang. Besonders schön ist der Rathausgarten im Herbst. Wenn die Bäume ihre Farben wechseln und die Sonne durch die Blätter scheint, wird der Garten mit der Steinmauer in ein bezauberndes Licht getaucht. Dem Erzengel und dem Lindwurm begegnet der Besucher noch ein weiteres Mal: in der Brunneninstallation am Voigtsplatz. Das Schwert ist hier in den Boden eingelassen. Jeder kann in die Rolle des Erzengels schlüpfen. Ein bronzener Stuhl mit einem Helm lädt zum Ausprobieren ein.

TIPP

Das größte erhaltene Stück Stadtmauer steht in der Freiheit, nur wenige Meter vom Rathaus entfernt.

- Rathaus, Kalkstraße 1, 06712 Zeitz (Zugang zum Garten auch über den Steinsgraben möglich), zeitz.de
- ÖPNV: Haltestelle Michaeliskirche

Barocke Pracht

80 Die Schlosskirche von Weißenfels

Das Weißenfelser Schloss Neu-Augustusburg aus dem 17. Jahrhundert ist das größte Schloss im Burgenlandkreis. Es thront oberhalb der Stadt und ist von vielen Punkten aus sichtbar. Was man allerdings nirgends sieht, ist ein Kirchturm. Auch die Kirche sucht man im Innenhof des Schlosses vergebens. Sie liegt versteckt im Seitenflügel des Schlosses. Wer sie besichtigen möchte, wird von einer Mitarbeiterin des Museums zu einer kleinen unscheinbaren Holztür geführt.

Soll es hier wirklich zur Kirche gehen, fragt sich bestimmt der eine oder andere Besucher. Aber wenn sich dann die Tür öffnet, ist man schlicht überwältigt von der Pracht der Schlosskirche St. Trinitatis. Nicht umsonst zählt sie zu den schönsten Sakralbauten in Mitteleuropa. Die Fresken und der verspielte Stuck verströmen einen prunkvollen Glanz. Die Stuckarbeiten stammen von den italienischen Meistern Giovanni Caroveri und Bartolomeo Quadri. Die Emporenbilder stellen verschiedene Szenen aus dem Neuen und dem Alten Testament dar. Am Eingang zur Kirche weisen Namensschilder von berühmten Musikerpersönlichkeiten auf deren eng mit Weißenfels verbundene Geschichte hin. Der gerade einmal 8-jährige Georg Friedrich Händel spielte bei einem Besuch auf dem Schloss die Förner-Orgel in der Kirche so wunderbar, dass auch der Herzog fasziniert von seinem Können war. Eigentlich hatte Händels Vater eine Juristenausbildung für den Sohn vorgesehen, aber der Herzog konnte ihn umstimmen. Johann Sebastian Bach hatte den Titel des „Weißenfelser Hofkapellmeister von Hause aus“ inne, hier komponierte er unter anderem die Jagd- und die Schäferkantate. Unter der Kirche verbirgt sich ein Schatz ganz anderer Art. In der Fürstengruft, die jeden letzten Samstag im Monat von 11 bis 15 Uhr in stündlich stattfindenden Führungen besucht werden kann, lagern 38 kunstvoll verzierte Zinn- und Holzsarkophage der Herzöge von Sachsen-Weißenfels.

TIPP

Im Schloss befindet sich das Schuhmuseum mit einer historischen und völkerkundlichen Schuhsammlung.

- Schlosskirche St. Trinitatis im Schloss Neu-Augustusburg, Zeitzer Straße 4, 06667 Weißenfels
- ÖPNV: Haltestelle Schloss

INERMIBUS . ARMIS
ÆNIGMA · FUTURI
MUTATA · RESURGAM

Für meine Mutsch

Bibliografische Informationen der Deutschen Nationalbibliothek
Die Deutsche Nationalbibliothek verzeichnet diese Publikation in der Deutschen Nationalbibliografie; detaillierte bibliografische Daten sind im Internet über dnb.d-nb.de abrufbar.

2., aktualisierte Auflage 2025

Konzeption/Satz: Droste Verlag, Düsseldorf
Einbandgestaltung und Illustrationen: Britta Thiele, Marbach am Neckar, unter Verwendung von Bildern von © Fotolia.com: jd – photodesign.de; © iStock: Plociennik Robert
Fotos: Manja Reinhardt

MIX
Papier | Fördert gute Waldnutzung
FSC® C011279

Druck und Bindung: LUC GmbH, Greven
ISBN 978-3-7700-2339-4

droste-verlag.de